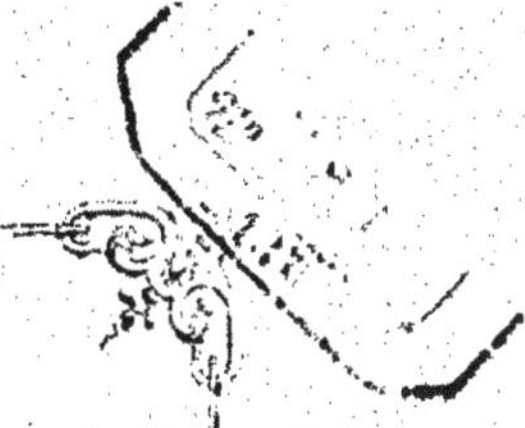

UNIVERSITÉ DE FRANCE. — ACADÉMIE DE NANCY.

DES

VOIES D'EXÉCUTION

EN DROIT ROMAIN.

DE LA SAISIE IMMOBILIÈRE

EN DROIT FRANÇAIS.

THÈSE POUR LE DOCTORAT

PRÉSENTÉE PAR

CAMILLE GEORGE,

Avocat à la Cour d'appel de Nancy.

RAMBERVILLERS,
IMPRIMERIE MÉJEAT JEUNE,
Rue du Puits.

1875.

DES
VOIES D'EXÉCUTION
EN DROIT ROMAIN.

DE LA SAISIE IMMOBILIÈRE
EN DROIT FRANÇAIS.

THÈSE POUR LE DOCTORAT

PRÉSENTÉE PAR

CAMILLE GEORGÉ,

Avocat à la Cour d'appel de Nancy.

L'acte public sur les matières ci-après
sera présenté et soutenu le jeudi 12 Août 1875,
à 4 heures du soir.

Président : M. Liégeois, *Professeur.*

Suffragants :
{
MM. Lederlin,
Lombard,
} *Professeurs.*
Binet,
Ortlieb,
} *Agrégés.*

*Le Candidat répondra, en outre, aux questions qui lui seront faites
sur les autres matières de l'enseignement.*

FACULTÉ DE DROIT DE NANCY.

MM. JALABERT, ✠, I ⚜, Doyen, Professeur de Code civil (1re chaire) et Chargé de cours d'histoire du Droit romain et du Droit français.

HEIMBURGER, I ⚜, ancien Professeur de la Faculté de Droit de Strasbourg, Professeur honoraire.

LEDERLIN, A ⚜, Professeur de Droit romain (2e chaire), autorisé à faire le Cours de Pandectes.

LOMBARD (A), A ⚜, Professeur de Droit commercial et Chargé du cours de Droit des gens.

VAUGEOIS, I ⚜, Professeur de Code civil (3e chaire) et Chargé du cours de Droit français étudié dans ses origines féodales et coutumières.

LIÉGEOIS, A ⚜, Professeur de Droit administratif et Chargé du cours d'Économie politique.

DUBOIS, A ⚜, Professeur de Droit romain (1re chaire) et Chargé du cours de Droit civil approfondi dans ses rapports avec l'Enregistrement.

CHOBERT, Agrégé, Chargé du cours de Code civil (2e chaire).

VILLEY, Agrégé, Chargé du cours de Droit criminel.

BLONDEL, Agrégé, Chargé du cours de Pandectes, autorisé à faire le cours de Droit romain (2e chaire).

BINET, Agrégé, Chargé du cours de Procédure civile.

ORTLIEB, Agrégé.

LOMBARD (Paul), Agrégé.

GARNIER, Agrégé.

M. LACHASSE, A ⚜, Docteur en Droit, secrétaire, agent comptable.

La Faculté n'entend ni approuver ni désapprouver les opinions personnelles du Candidat. Le visa n'est donné qu'au point de vue de la morale et de l'ordre public. (Statut du 9 avril 1825, art. 81.)

Rambervillers, imprimerie Méjeat.

A LA MÉMOIRE DE MA MÈRE

ET

DE MA GRAND'MÈRE

A MON PÈRE

A TOUS LES MIENS

A MES AMIS

PREMIÈRE PARTIE

DROIT ROMAIN.

DÉS VOIES D'EXÉCUTION.

INTRODUCTION.

Un des sujets où l'on puisse suivre le plus fidèlement et avec le plus d'intérêt la marche de la civilisation romaine, tant au point de vue juridique qu'au point de vue politique, est certes celui auquel nous avons consacré les quelques pages qui vont suivre, à savoir l'étude des moyens offerts à Rome au créancier pour se faire payer par son débiteur, quelle que soit l'obligation contractée par ce dernier.

Plus encore que dans toute autre partie du droit romain, les progrès ont été aussi lents que considérables, et nous allons voir qu'il y avait loin des moyens primitifs d'exécution usités dans le vieux droit civil sous le système rigoureux des actions de la loi, aux moyens qui, introduits plus tard en même temps que s'améliorait l'éducation juridique du peuple romain, devaient être utilisés par celui-ci d'abord, par notre droit ensuite, qui a copié presque textuellement, dans la matière qui nous occupe, quelques-unes des règles qui avaient surgi après bien des siècles d'efforts et de tâtonnements.

Il ne faut pas s'étonner outre mesure de la lenteur de ces progrès; en effet, quelqu'avancée que soit l'instruction d'un peuple, il est toujours difficile de régler des rapports d'intérêts aussi opposés que ceux de créancier à débiteur, et si l'on tient compte de l'état peu avancé de la civilisation dans les premiers temps de Rome, on n'est nullement surpris d'y voir une rigueur extrême déployée contre ceux qui ne voulaient ou ne pouvaient pas remplir leurs engagements.

La loi du plus fort avait alors sa pleine application, et la législation, dont le caractère général était d'être étroite et formaliste, ne renfermait que peu de mesures concernant l'exécution forcée d'une obligation. Mais elles étaient tellement rigoureuses qu'elles devaient forcément succomber pour faire place à d'autres plus efficaces, et plus en rapport avec la marche croissante de la civilisation. C'est parallèlement à celle-ci que s'accomplissent les progrès dans la procédure d'exécution, en droit romain comme en droit français.

Cela est tellement vrai qu'après avoir quitté, à Rome, cette procédure dans un état à peu près satisfaisant, tant pour les formes à suivre que pour les résultats obtenus, nous la retrouvons dans l'histoire primitive du droit français revenue à l'état d'insuffisance d'où les Romains l'avaient sortie à grand'peine. C'est que les Gaulois ne s'étaient pas initiés tout d'abord entièrement au droit de leurs vainqueurs, pas plus qu'à leur civilisation. Les pays de droit écrit, eux-mêmes, ceux qui avaient subi le plus directement l'influence juridique des Romains, n'avaient pas de règles nettement établies pour l'exécution forcée des obligations; elles étaient entachées d'un caractère d'imperfection et de grossièreté qui ne disparut que très-lentement; ici encore, comme à Rome, les progrès du droit allèrent de frent avec les progrès de la civilisation.

Séduit par l'intérêt historique qui s'attache à la question, nous avons voulu étudier tous les moyens d'exécution forcée employés à Rome, ne nous dissimulant pas que ce sujet trop vaste s'accommodait peu du cadre restreint de notre travail, et qu'il nous faudrait sacrifier souvent les détails à l'ensemble. Qu'on nous pardonne donc les omissions qui auraient pu se glisser dans notre œuvre; nous avons surtout bien vu qu'il ne pouvait guère en être autrement, quand après avoir, en droit français, restreint notre étude à un seul des moyens d'exécution, la saisie immobilière, nous avons dû reconnaître que, là encore, il nous était impossible d'embrasser complètement et de traiter à fond toutes les questions qui s'y rattachent; il faudrait plusieurs volumes, en effet, pour dire tout ce qui peut surgir de difficultés dans l'étude des formalités et des résultats de la saisie immobilière, qui touche à la fois à trois intérêts opposés : l'intérêt des créanciers, l'intérêt du débiteur et enfin l'intérêt des tiers, dont les droits sont lésés plus ou moins directement par l'expropriation.

Plus encore qu'à Rome, l'intérêt de ces derniers joue un rôle dans notre matière, puisque le système de garanties réelles, ou système hypothécaire, qui n'existait qu'à l'état d'embryon dans le droit romain, a pris rang parmi les sujets qui ont attiré depuis longtemps l'attention des législateurs ; il l'attire encore tous les jours par ses imperfections. Nous verrons que celles-ci ont rejailli sur la saisie immobilière qui en est une application.

Ceci dit, nous allons aborder l'étude des moyens d'exécution en droit romain, en suivant autant que possible l'ordre chronologique, fidèle en cela au but historique que nous nous sommes proposé. Mentionnons tout d'abord la scission profonde produite dans notre sujet, comme du reste dans presque toutes les parties du droit romain, par le droit prétorien, qui, faisant suite au droit civil, est venu y apporter plus que de simples modifications, mais bien une transformation presque complète. Avec lui, en effet, plus de ces rigueurs excessives que nous allons voir déployer contre le débiteur par le droit civil, désormais le législateur romain cherche à proportionner les moyens au but à atteindre, à désintéresser le créancier sans frapper le débiteur outre mesure, enfin à édicter des règles de procédure dépouillées de tout caractère de sévérité inutile, et conciliant tous les intérêts.

Ce but, on le poursuit encore aujourd'hui, la législation sur notre sujet ne sera parfaite que lorsqu'il sera atteint.

CHAPITRE PREMIER.

DE L'EXÉCUTION SUR LA PERSONNE.

Il est bien peu d'époques de l'histoire romaine, du moins dans les premiers temps, qui ne retentissent des plaintes du peuple contre les patriciens, de ceux qui n'avaient rien, sinon des dettes, *æs alienum*, contre ceux qui possédaient, et qui leur faisaient payer bien cher l'argent qu'ils leur prêtaient. C'est qu'en effet à Rome la pénurie de lois régissant les rapports entre créanciers et débiteurs, ne tournait pas au profit de ceux-ci ; quoiqu'elles offrissent peu de garanties aux créanciers, elles possédaient néanmoins un moyen peu efficace en réalité, mais cruel pour les débiteurs, de contraindre ces derniers à l'acquittement de leurs dettes : j'ai nommé l'esclavage.

Telle était donc cette institution rigoureuse, qui était la seule voie d'exécution connue par le vieux droit civil, et par laquelle un homme devenait esclave pour n'avoir pu satisfaire à ses engagements ; ce n'était pas là le privilége d'une caste sur une autre, mais bien le résultat de l'infériorité des plébéiens au point de vue pécuniaire, plutôt encore qu'au point de vue politique.

Cet esclavage arrivait de deux manières, soit par l'engagement que le débiteur en avait pris lui-même en contractant sa dette, soit par les moyens que le droit civil mettait à la disposition du créancier pour contraindre le débiteur à exécuter son obligation. Nous étudierons plus loin ces deux cas en détail.

Quand on connaît en quoi consistait primitivement l'esclavage du débiteur, et les rigueurs qui l'accompagnaient, on s'explique ces plaintes incessantes du peuple contre ceux qui constituaient à leur égard comme une classe d'usuriers, et l'on comprend pourquoi de temps à autre il intervenait entre eux comme un réglement de comptes général, par une loi obtenue grâce à l'intervention des magistrats du peuple, qui venait pacifier pour quelque temps les rapports entre les deux castes, en restreignant les exigences de l'une d'elles.

C'est ainsi qu'une loi Licinia *de fœnore*, qui date de l'an 376 de Rome, ordonnait aux créanciers d'imputer sur le capital des dettes, ce qui, jusqu'à cette époque, avait été payé à titre d'intérêts; le reste du capital, ajoutait-elle, devait être acquitté dans l'espace de trois ans, en trois paiements égaux.

Nous voyons avant cela le consul Servilius, en l'an 259, pour encourager le peuple à marcher contre les Volsques, faire annoncer par un héraut que les créanciers ne pourront, à aucun titre, s'emparer de leurs enfants et de leurs biens.

Malgré cette intervention fréquente des magistrats, ceux-ci ne pouvaient guère empêcher les résultats d'un principe solidement établi chez les Romains, à savoir que tout débiteur doit répondre sur sa personne, vis-à-vis de son créancier, des obligations qu'il a contractées

envers lui. Cet asservissement du débiteur n'était pas
du reste, laissé à l'arbitraire du créancier, n'était pas
en un mot le résultat du droit du plus fort, mais il était
prévu et réglé par les lois, qui édictaient de la façon
la plus naturelle les mesures les plus atroces, que nous
allons étudier; elles allaient jusqu'à permettre aux
créanciers, lorsqu'ils invoquaient à plusieurs des
droits sur un seul débiteur insolvable ou récalcitrant,
de le mettre à mort en le coupant par morceaux, et de
se partager ceux-ci.

Nous allons donc étudier en quoi consistait cette
voie rigoureuse d'exécution sur la personne, qui fut
longtemps la seule connue à Rome, du moins comme
moyen de contrainte à l'exécution d'une obligation.

Les actions de la loi nous apprennent en effet que
lorsqu'il s'agissait de droits réels réclamés, le juge à
qui l'on s'adressait atteignait par sa sentence la chose
même qui faisait l'objet de ces droits, et en déclarait
propriétaire la partie qui triomphait; la force publique,
manus militaris, était mise à sa disposition pour faire
exécuter la sentence.

Il pouvait arriver aussi que le débiteur eût engagé
spécialement tel ou tel de ses biens pour la sûreté de
la dette, *per æs et libram*; dans ce cas, le créancier
obtenait également du magistrat la propriété quiritaire des biens engagés, en cas de non-paiement; la
manus militaris était encore mise à sa disposition.

Hors ces deux cas ayant trait tous deux à un droit
réel reconnu ou constitué sur une chose, toutes les
fois qu'il s'agissait d'une obligation que le demandeur

voulait faire exécuter, le seul moyen qui lui était offert était la *manus injectio*.

La *manus injectio* s'entend en général de tout exercice d'un droit par l'appréhension corporelle, soit d'une chose, soit d'une personne, exécutée sans intervention aucune de l'autorité judiciaire. C'était un fait plutôt qu'un droit, une sorte de mainmise extra-judiciaire.

Tel était le droit d'appréhension qu'avait le maître sur son esclave, le père sur son enfant, le patron sur son affranchi. Ces mainmises extrajudiciaires n'avaient rien de commun avec l'action de la loi qui nous occupe, qui, elle, s'accomplissait devant le magistrat.

C'était plutôt un moyen d'exécution qu'une action proprement dite, et elle ne devait ce nom qu'aux paroles solennelles prononcées par le créancier devant le préteur pour opérer mainmise sur la personne de son débiteur « *tibi manus injicio.* »

Une fois les paroles solennelles prononcées, si le magistrat avait devant lui un débiteur dont la dette avait été antérieurement reconnue par une sentence ou encore par un aveu de sa part (ce sont là les deux seuls cas qui donnaient primitivement lieu à la *manus injectio*), il l'adjugeait au créancier, séance tenante.

Quoique la *manus injectio* ait été la procédure d'exécution de l'antique droit quiritaire, et soit bien antérieure à la Loi des XII Tables, c'est celle-ci qui nous apprend d'une façon positive comment il y était procédé et quels en étaient les effets.

Outre les *judicati* et les *confessi*, la Loi des XII

Tables frappait encore de la *manus injectio* ceux qui s'étaient rendus coupables de certains délits, tel que le vol manifeste.

Enfin elle introduisit deux modifications importantes à ce qui se passait jusqu'alors : elle fixa un délai de trente jours pendant lequel le débiteur condamné ou ayant fait aveu ne pouvait être traîné en justice ; avant, en effet, il était appréhendé par le créancier au gré de celui-ci, traîné devant le tribunal, et adjugé immédiatement. La seconde de ces modifications fut un adoucissement relatif apporté au sort des *addicti*, et aux mauvais traitements qu'on leur faisait subir.

Voyons maintenant la marche et les résultats de la *manus injectio*, telle qu'elle a été réglée par la Loi des XII Tables.

Nous avons déjà vu que lorsqu'un débiteur avait été condamné à payer ou avait avoué sa dette devant le magistrat, un délai de trente jours lui était accordé pour satisfaire son créancier. C'était là, suivant l'expresssion d'Aulu-Gelle, qui nous rapporte le texte de la Loi des XII Tables, comme une sorte de trêve, d'armistice légal, pendant lequel le débiteur peut chercher à s'acquitter, sans qu'il soit pris contre lui aucune mesure de rigueur. Le délai expiré, le débiteur était conduit devant le magistrat par son créancier, et là, une foi la mainmise opérée par celui-ci au moyen des paroles solennelles déjà mentionnées plus haut « *quod tu mihi judicatus sive damnatus es, que dolo malo non solvisti, ob eam rem ego tibi manus injicio* » ; la peine commençait déjà, le débiteur ne pouvait plus se défendre lui-même, n'ayant pu trouver pendant les trente jours qui lui avaient été accordés, *dies justi*, de quoi payer sa dette.

Il devait se faire représenter et défendre par un vindex, qui, solvable, répondit pour lui, et devint alors le *dominus litis*; sinon, il était adjugé au créancier et emmené par celui-ci comme esclave.

Gaïus nous indique les conditions que devait remplir le vindex pour libérer le débiteur « *Locuples est qui satis idonea habet pro magnitudine rei, quam actor restituendam esse petit.* »

Le débiteur adjugé, *addictus*, était esclave de fait sans l'être de droit, son état était subordonné au paiement ou au non-paiement de sa dette, en un mot il n'était pas encore *capite minutus*.

Mais en revanche, l'esclavage de fait était rigoureux et de nombreux textes nous apprennent les mauvais traitements, subis par un esclave de la dette; ils étaient chargés de fers et mangeaient la même nourriture que les autres esclaves.

Ils étaient, nous dit la Loi des XII Tables, chargés de quinze livres de fers.

Le texte de la loi a donné ici lieu à une difficulté, que les commentateurs résolvent différemment. Les uns disent que c'est là le poids maximum de fers dont puisse être chargé le débiteur en esclavage; d'autres au contraire croient y voir une nouvelle mesure de rigueur, et décident que ce poids doit être de quinze livres au moins.

Mais il n'est pas à présumer que les décemvirs,

malgré la sévérité qu'ils montrent pour la mauvaise foi ou l'insolvabilité des débiteurs, aient voulu interdire aux créanciers tout sentiment d'humanité. Il faut admettre au contraire qu'ils ont le droit de les traiter avec ménagement, et qu'en tout cas ils ne peuvent pas outre-passer certaines mesures fixées par la loi, dont le caractère est d'adoucir autant que possible le sort des débiteurs.

Les créanciers avaient certainement aussi le droit de leur faire remise de leurs créances, ou encore d'attendre qu'ils se trouvassent à même de les payer.

Il est plus logique de supposer que si la loi leur conférait des droits exorbitants sur leurs débiteurs, elle ne les forçait pas à en user, et ne leur imposait pas inutilement l'obligation d'être barbares. Nous y voyons, en effet, que le créancier doit fournir à son débiteur dans les fers une livre de farine, à moins toutefois que celui-ci ne préfère vivre à ses dépens.

Partout la Loi des XII Tables indique qu'elle est venue améliorer le sort des addicti. Avant elle, en effet, non-seulement ils étaient en prison, mais ils étaient de plus battus et en butte à tous les mauvais traitements. Tite-Live nous retrace en maints endroits des tableaux affreux de leur sort, et raconte entre autres choses un soulèvement, occasionné par les mauvais traitements qu'ils subissaient, en l'an de Rome 259.

Que pendant un certain temps fixé, nous dit la loi, il soit permis au débiteur de s'accommoder avec son

créancier. S'il ne s'accommode pas, que le créancier
le tienne dans les liens 60 jours.

Ces 60 jours étaient le dernier délai accordé au
débiteur avant qu'il fût définitivement esclave, de
fait et de droit.

Pendant ce délai, il pouvait donc encore payer son
créancier, et, afin que cela lui fût plus facile, celui-ci
devait le faire conduire, à trois reprises différentes et
à neuf jours d'intervalle, *tribus nundinis*, un jour de
marché, et là, faire crier sa dette à haute voix afin de
lui donner la chance de trouver quelqu'un, parent ou
ami, qui consentît à la payer pour lui.

L'addictus était chaque fois amené à l'audience du
préteur, et là, un huissier proclamait à haute voix le
montant de la dette. Par ce moyen, non-seulement
il pouvait trouver un répondant, mais encore le
peuple pouvait voir qu'il n'était pas détenu injus-
tement.

Qu'ensuite, dit encore la Loi des XII Tables, le
créancier inflige à son débiteur la peine de perdre
totalement sa liberté, et de devenir son esclave, ou,
si le créancier le préfère, qu'il le vende à l'étranger,
au-delà du Tibre.

Ainsi donc, les 60 jours expirés, le débiteur
addictus était définitivement adjugé à son créancier;
il devenait esclave de droit, *capite minutus,* et celui-
ci pouvait le faire vendre comme esclave au-delà du
Tibre, ou même, ajoute la loi, le mettre à mort.

C'est ici que se place une disposition atroce qui
décidait qu'en cas de concours de plusieurs créan-

ciers, le corps du débiteur devait être coupé par morceaux, autant que possible égaux, et leur être distribués.

Car nous ne pouvons pas admettre l'interprétation qui a été donnée de cette partie du texte, et par laquelle les mots *partes secanto* doivent être considérés comme ayant trait aux biens du débiteur; ce serait la première fois en effet qu'il en serait question, et il n'est guère probable que la loi ait attendu jusqu'à ce moment tardif de la procédure pour régler ce qui les concernait, et les droits que les créanciers avaient sur eux. C'est donc bien du corps même du débiteur qu'il s'agit, et c'est lui qui doit être partagé par parties égales entre les créanciers.

On voit que pendant tout le cours de la *manus injectio*, un seul résultat a été poursuivi et obtenu, l'esclavage du débiteur. Il n'est en rien question d'un moyen d'exécution qui eût été plus utile au créancier, l'adjudication des biens. Nous examinerons plus loin si cependant à côté de l'exécution sur la personne, il n'y avait absolument aucun moyen pour le créancier de se payer sur eux. Du reste, disons-le de suite, avec de tels moyens de rigueur contre les débiteurs, l'exécution sur les biens était à peu près inutile; il est évident que ceux-ci ne se laissaient condamner à l'esclavage que lorsqu'ils étaient complètement insolvables.

De plus, si les actions de la loi ne donnaient aucun recours direct au créancier sur les biens de son débiteur, il existait cependant un moyen que l'on retrouve dans le plus vieil état du droit romain, et par lequel le débiteur consentait lui-même à donner sa personne et ses biens en gage d'une dette qu'il contractait; j'ai nommé le *nexum*, ce vieux lien de droit quiritaire, qui résultait généralement de toutes les obligations.

Dans le cas spécial qui nous occupe, le *nexum* était donc le lien qui unissait au créancier le débiteur qui s'était engagé, lui et les siens, pour répondre d'une dette qu'il voulait contracter ou qui existait déjà.

Il était provisoirement et sous la foi d'un contrat de fiducie, placé sous le *mancipium* de son créancier, et son état avait une grande analogie avec celui de l'addictus.

De même que pour celui-ci, sa liberté était subordonnée au payement de sa dette, avec cette différence que l'*addictus* qui, comme nous l'avons vu, n'avait subi aucune diminution de tête avant l'esclavage définitif, recouvrait son état d'homme libre aussitôt sa dette payée, et sans aucune formalité à remplir, tandis que le *nexus*, supportant les conséquences du contrat qui le mancipait à son créancier, mancipation immédiate quoique fiduciaire et résoluble, était obligé d'attendre que le créancier soldé le remancipât, exécutant ainsi la clause de fiducie intervenue dans le contrat de mancipation.

Tant que la dette n'avait pas été payée, le débiteur était *nexu solutus*, et tant que les effets du *mancipium* subsistaient, il subissait une diminution de tête véritable. Mais, quoique sous la dépendance du créancier, il n'était pas réellement en sa possession ; le *mancipium* n'était lui-même qu'un acheminement vers l'esclavage ; c'était seulement à l'expiration du terme convenu dans le contrat qui avait engendré le *nexum*, que le créancier pouvait revendiquer son débiteur, en un mot que l'esclavage avait lieu de fait.

Outre les différences capitales que nous venons d'indiquer entre la *manus injectio* et le *nexum*, à savoir : 1° que par l'un, le créancier acquiert des droits non-seulement sur la personne, mais encore sur les biens du débiteur, tandis que par l'*addictio*, la personne seule de ce dernier devient la propriété du créancier ; 2° que l'*addictus*, tant qu'il n'est pas irrévocablement esclave, ne subit aucun changement d'état et reste ingénu, tandis que le *nexus*, alors même qu'il acquitte sa dette est rendu à la liberté par son créancier, et considéré comme un *quasi-libertus*, il faut encore dire que les enfants du *nexus* partageaient le sort de leur père, tandis que ceux de l'*addictus* restaient libres. Enfin les *nexi* ne sont assimilés à des esclaves que par rapport à celui à qui ils ont été vendus ; ils restent hommes libres dans la cité, et conservent leurs droits politiques.

Telles sont donc ces deux institutions qui marchèrent longtemps de front dans l'histoire du Droit romain, et dont l'une, le *nexum*, fut abolie par la loi *Petilia Papiria*, en l'an de Rome 428, qui vint faire droit aux nombreuses et pressantes réclamations du peuple, et, suivant l'expression de Tite-Live, ouvrir comme une nouvelle ère de liberté.

Le bonheur avec lequel fut accueillie cette loi, et qui nous est rapporté, non-seulement par Tite-Live, mais encore par tous les historiens de l'époque, nous est une preuve contre ce qu'avancent de nombreux commentateurs, à savoir que le *nexum* engageait non pas la personne, mais seulement les biens du débiteur.

S'il en avait été ainsi, cette institution n'aurait pas donné lieu à tant de plaintes, car il n'y eût eu dans cet engagement des biens, rien que de très-naturel.

Qu'on ne vienne pas invoquer à l'appui de cette opinion, le prétendu respect que les Romains avaient pour la liberté, et qu'on ne dise pas que leurs lois défendaient toujours de l'aliéner; car nous venons de voir que les actions de la loi l'aliénaient sans ménagement au profit du créancier, et il serait bien extraordinaire que ce qui était ainsi de règle dans la loi, n'eût pas pu faire l'objet d'une convention directe entre les parties.

Quant à la *manus injectio*, réglementée d'abord par la Loi des XII Tables, et appliquée par elle, non-seulement aux *judicati* et aux *confessi*, mais encore aux personnes qui s'étaient rendues coupables de délit, elle fut peu-à-peu étendue par diverses lois à un grand nombre de cas assimilés à l'aveu ou à la condamnation. C'est ainsi que les lois *Furia* et *Publilia* accordaient une *manus injectio pro judicato* en matière de fidéjussion.

Alors même que les mœurs se furent adoucies, et que le droit plus humain eût introduit les moyens d'exécution sur les biens, longtemps encore la *manus injectio* marcha de front avec ces derniers, modifiée peu-à-peu, il est vrai, quant à ce qu'elle avait de barbare, et ne donnant plus au créancier sur le débiteur que des droits au travail de celui-ci.

Le créancier, dès lors, n'avait plus que la faculté d'emmener chez lui son débiteur condamné, en vertu d'un *duci jussus*, émanant du magistrat, et en vertu duquel il le conservait en prison jusqu'à ce qu'il eût été payé intégralement, soit par les services que celui-ci lui rendait, soit encore par la vente de ses biens qui, nous venons de le dire, marche dès à présent de pair avec l'exécution de la personne.

Il faut arriver jusqu'à Zénon et à Justinien pour voir interdire, par les constitutions de ces empereurs, les prisons privées, *carcera privata*, où les débiteurs, quoique mieux traités qu'autrefois, étaient encore soumis à des travaux pénibles.

Malgré l'adoucissement des moyens d'exécution, longtemps encore, ou plutôt toujours, la question des dettes fut à l'ordre du jour à Rome; l'usure était la plaie du peuple romain, et son histoire est remplie de lois ayant pour but de la réprimer.

On voit le peuple demander souvent la remise totale de ses dettes, qui s'accroissaient tous les jours par suite des intérêts énormes qu'il était habituel de stipuler. C'est sur des réclamations de ce genre que nous voyons César statuer par une loi sur les dettes, dans laquelle il décide ce que nous avons vu décider bien des siècles auparavant par la loi *Licinia de fœnore*, de l'an 376, à savoir que le capital de la dette devait être diminué de tout ce qui avait été payé jusque là à titre d'intérêts.

César allait plus loin, et, au dire de Dion Cassius, défendait à un citoyen romain d'avoir chez lui plus de 60,000 sesterces, soit en or, soit en argent. Il forçait ainsi les débiteurs à payer leurs dettes lorsqu'ils le pouvaient, et les riches à prêter aux pauvres à des intérêts modérés, en ne leur permettant pas de conserver chez eux plus d'argent qu'il ne leur en fallait.

Disons pour terminer ce qui regarde l'exécution sur la personne qu'elle ne fut plus employée que rarement à partir d'une loi *Julia judiciaria* d'Auguste; celle-ci vint affranchir de la contrainte par corps les débiteurs malheureux qui faisaient abandon de leurs biens à leurs créanciers. Nous verrons plus loin comme s'opérait cette abandon.

PIGNORIS CAPIO.

Fidèle à l'ordre historique que nous nous sommes proposé de suivre dans l'étude des moyens d'exécution usités à Rome, nous avons placé ici un moyen qui ne joua qu'un rôle secondaire, il est vrai, dans le droit civil, mais qui est important surtout parcequ'il a été le premier mode d'exécution sur les biens, réglé par la loi.

La *pignoris capio* fut en quelque sorte le préliminaire de tout le système que nous allons voir édicter par le droit prétorien pour arriver à assurer au créancier un gage efficace sur les biens du débiteur.

Elle consistait dans la saisie faite par le créancier d'une ou plusieurs choses appartenant au débiteur, saisie qui s'opérait sans aucune intervention du magistrat, et en dehors même de la présence du débiteur.

Moins encore que la *manus injectio*, elle est une action proprement dite, puisqu'elle n'est même pas, comme celle-ci, soumise aux formalités rituelles qui caractérisent les véritables actons de la loi. Une seule chose la rapproche de ces dernières; ce sont les paroles solennelles que le créancier doit prononcer en s'emparant du gage qu'il veut s'approprier.

De plus, la *pignoris capio* différait encore des actions de la loi en ce que, contrairement à ce qui arrivait pour celles-ci, elle pouvait avoir lieu un jour néfaste.

Du reste la *pignoris capio* n'était employée que rarement et pour des créances de peu de valeur, et encore quelques-uns des cas qui y donnaient lieu avaient-ils été introduits par l'usage plutôt que par les lois.

La loi des XII Tables autorise le créancier à opérer mainmise sur un des biens du débiteur dans deux cas : pour le paiement du prix d'une victime, achetée pour un sacrifice, et pour le paiement du louage d'une bête de somme, lorsque le prix de ce louage était destiné par le propriétaire à offrir des sacrifices.

Une loi *Censoria* l'applique au recouvrement des impôts en faveur des publicains qui y sont préposés et pour leur garantie.

Longtemps avant la loi des XII Tables, l'usage avait accordé la *pignoris capio* aux soldats pour le paiement de la solde qui leur était due : *æs militare, æs equestre, æs hordearium.*

L'*æs militare* était la solde du soldat; l'*æs equestre*, l'argent destiné à acheter un cheval ; et enfin l'*æs hordearium*, l'argent destiné à acheter de quoi le nourrir.

Généralement le tribun du trésor désignait certaines personnes comme devant fournir ces subsides aux soldats, à titre d'impôts, soit qu'elles versassent la somme entre ses mains, soit que les soldats eussent directement recours à elles pour se faire payer ; c'était dans ce dernier cas que leur était accordée la *pignoris capio.*

La *pignoris capio* fut abolie, croit-on généralement, par la loi Julia en 729 de Rome, alors que l'exécution sur les biens au moyen de la saisie était passée depuis longtemps déjà dans les mœurs romaines, et se faisait sous l'autorité du magistrat.

Tels sont tous les renseignements qui nous sont parvenus sur ce moyen d'exécution, qui fut toujours restreint à quelques cas particuliers, mais qui a néanmoins, je le répète, une grande importance en ce qu'il fut le premier ayant trait aux biens, et qu'il donna lui-même naissance à un moyen qui lui ressemble beaucoup, le *pignus in causâ judicati,* ou prise de gage opérée pour assurer l'exécution d'une sentence. Mais disons de suite que celle-ci s'opérait, non plus en dehors de toute juridiction, mais bien par ordre et sous l'autorité du magistrat.

CHAPITRE II.

—

DE L'EXÉCUTION SUR LES BIENS AVANT LE DROIT PRÉTORIEN.

L'importance plus que secondaire attribuée à l'exécution sur les biens sous le droit civil se comprend sans peine, si l'on considère qu'avec des moyens de coercition si vigoureux sur la personne même du débiteur, il devenait à peu près inutile d'atteindre ses biens.

Néanmoins on ne comprend pas bien cette longue persistance dans le droit civil d'un régime aussi exorbitant. Le droit civil est en effet loin de porter partout les traces d'une imperfection aussi grande, car il possède déjà de nombreuses institutions qui devaient se perpétuer dans le droit prétorien.

Ce fait est d'autant plus surprenant que les Romains qui, suivant la tradition, sont allés s'inspirer de la législation grecque pour la rédaction de leurs lois, avaient pu voir que dans ce pays, depuis Solon du moins, la personne du débiteur était respectée, ses biens seuls répondaient de sa dette.

Diodore de Sicile nous apprend qu'il en était de

même en Egypte, et que la personne du débiteur y fut toujours à l'abri de toute atteinte.

Il faut, croyons-nous, en chercher la raison dans le système politique romain, tel qu'il existait à l'origine de ce peuple. En effet, des deux classes qui le composaient, les patriciens et les plébéiens, l'une avait la richesse et la puissance; l'autre jouissait d'une condition politique, et surtout pécuniaire, bien inférieure. C'était cette infériorité native que les patriciens avaient été heureux d'augmenter encore en rendant si rigoureuses les obligations résultant des dettes que les plébéiens contractaient envers eux. Ceux-ci en effet ne possédaient rien, du moins à l'origine; il n'eût donc guère été utile d'organiser des moyens d'exécution sur les biens, et comme l'esclavage était alors dans toute sa force, non-seulement à Rome, mais encore chez tous les peuples environnants, les législateurs trouvaient tout naturel de rendre esclave du créancier le débiteur malheureux, de même que le vaincu était esclave du vainqueur.

C'est encore la pauvreté excessive des plébéiens qui faisait qu'ils se soumettaient eux-mêmes et de plein gré à l'esclavage dans le cas où ils n'acquittaient pas leurs dettes, et cela au moyen du *nexum*, que nous avons étudié plus haut. Il fallait en effet être bien pauvre et avoir bien besoin d'emprunter, pour se soumettre d'avance à la domination d'un créancier.

Il ne faut donc pas attribuer seulement aux plaintes

incessantes de la plèbe, quoiqu'elles fussent vives et vivement appuyées plus tard par ses tribuns, l'introduction de l'exécution sur les biens. Il faut plutôt supposer que le peuple ayant acquis peu-à-peu des biens pour son propre compte, et la différence entre les deux castes s'étant peu-à-peu nivelée, d'un côté l'esclavage finit par tomber en défaveur, et d'un autre fit place à des moyens plus efficaces d'exécution sur les biens.

Quoiqu'il en soit, ces considérations suffisent pour qu'on ne soit pas obligé de chercher à torturer les différents textes qui traitent de la question, pour leur faire dire que dès les temps les plus anciens, l'exécution sur les biens existait à Rome. Ces textes ne font en effet que constater les efforts incessants faits pour y arriver, mais n'indiquent nulle part d'une manière positive, qu'elle existât à l'état d'institution régulièrement établie.

C'est ainsi, que Servius Tullius disait au peuple lors de son avénement au trône : « Si par la suite quelque citoyen emprunte de l'argent à des usuriers, je ne permettrai pas que ces citoyens à raison de leurs dettes soient emmenés et chargés de fers, et j'ordonnerai par une loi que des usuriers n'aient nul droit sur des corps libres, mais qu'ils se contentent de s'emparer des biens de leurs débiteurs. »

Sans doute Servius Tullius tint parole, puisque dans le dernier temps de sa vie, nous apprend Denys d'Halicarnasse, poussé à bout par les patriciens, il se plaint dans une autre harangue que la raison pour laquelle les patriciens lui dressent des embûches, c'est qu'il a protégé contre les usuriers la liberté des autres citoyens.

Mais ce règlement de Servius, si conforme à l'humanité, ne fut pas longtemps en vigueur; son successeur, Tarquin le Superbe, abrogea toutes les lois du prince, et ne laissa pas même subsister dans le Forum les tables sur lesquelles elles étaient gravées. Nous avons vu les décemvirs rétablir ensuite dans toute sa force, par la loi des XII Tables, l'ancienne coutume qui permettait aux usuriers de garrotter les débiteurs insolvables, et de les emmener dans leurs maisons.

Plus tard nous voyons le Sénat s'occuper du parti à prendre à l'égard des débiteurs, et le tribun Virginius proposait, pour récompenser ceux qui avaient pris part aux guerres soutenues par la République « de délivrer leurs personnes et leurs biens. La même faveur devait être accordée à leurs ascendants ; et descendants ; quant aux autres, les créanciers pouvaient s'emparer de leurs personnes, conformément au contrat. »

C'est toujours, on le voit, cette idée de contrat intervenu entre le créancier et le débiteur, qui domine; si le créancier a quelques droits sur les biens du débiteur, ces droits résultent du *nexum* contracté par ce dernier, les lois ne lui en donnent aucun.

Il est donc bien certain que le créancier n'avait aucun droit nettement établi sur les biens de son débiteur ; partout où l'on rencontre quelques vestiges de ce moyen d'exécution, ce n'est qu'indirectement, conséquence de *l'addictio*, ou principalement du *noxum*; et encore ici résulte-t-il d'un contrat, et non d'une sentence judiciaire. On ne peut pas dire que ce soit là un moyen offert par la loi à un créancier pour se faire payer de ce qui lui est dû sur les biens de son débiteur, alors même que celui-ci ne les avait pas spécialement engagés; et c'est cependant ce qui doit caractériser, et ce qui caractérise en effet, un système d'exécution régulièrement établi.

Le *noxum* n'est à proprement parler qu'une constitution de gage, et le gage a dû, lui, exister de tout temps à Rome comme chez tous les peuples, du moins dans sa forme primitive et brutale de la remise de possession d'un objet corporel entre les mains du créancier pour répondre d'une obligation que conctracte le débiteur.

Il n'est pas besoin qu'un peuple jouisse d'une bien grande éducation juridique pour connaitre et pratiquer ce moyen de sûreté à offrir à un créancier.

Le gage, lui ausi, s'est dépouillé peu à peu de ses caractères grossiers, suivant en cela les progrès du droit et de la civilisation romaine; d'abord l'acte qui le constituait ne transféra plus au créancier gagiste un droit réel de propriété, mais seulement un droit de possession ayant des effets suffisant, pour assurer le créancier contre toute éventualité, sans dépouiller le débiteur de la propriété même de l'objet mis en gage, comme cela avait lieu dans le droit primitif, ce qui forçait le créancier, lorsqu'il était payé, à transférer de nouveau la propriété au débiteur dépouillé, et on sait de combien de formalités cet acte était entouré à Rome.

Ce fut un premier pas accompli, mais on n'en resta pas là, on en on arriva à ne plus créer entre le créancier et l'objet qui lui était donné pour gage, qu'un simple rapport de droit, suffisant pour garantir sa créance, et laissant le débiteur non-seulement propriétaire mais encore possesseur de sa chose ; tel est le principe de l'hypothèque, nous n'entrerons dans aucun détail quant à ses applications et à ses effets, constatons seulement le rôle important qu'il joue dans notre droit et disons que le jour où il fut appliqué à Rome, on ne devait pas être loin de mettre en pratique cet autre principe qui depuis a marché de front avec lui dans l'histoire du droit, à savoir que tous les biens d'un débiteur sont le gage de son créancier, sans qu'il soit besoin pour cela de convention spéciale, ni de moyen corporel de sûreté.

Une fois ce principe admis, il ne restait plus qu'à établir les règles du mode d'exécution sur les biens, nous verrons qu'elles ne le furent que lentement, et que bien des tâtonnements eurent lieu avant d'arriver à mettre les moyens d'exécution en rapport avec le but poursuivi par le créancier, et de les dépouiller de ce caractère de rigueur que le droit romain affectait envers le débiteur.

Nous avons déjà vu en effet qu'à côté de la *venditio bonorum*, ou vente en masse des biens du débiteur, qui est le premier moyen d'exécution sur les biens, régulièrement organisé, la contrainte par corps subsistait ; de plus, une note d'infamie était attachée au nom ou à la mémoire de celui dont les biens avaient été vendus.

SECTIO BONORUM.

Ainsi donc longtemps à Rome, pendant presque toute la durée du droit civil, l'autorité judiciaire n'intervint pas d'une manière directe, sinon en ce qui regarde l'exécution sur la personne, pour régler les rapports entre créancier et débiteur, et les droits du premier sur les biens du second.

De tels droits ne résultaient que de conventions intervenues entre les personnes intéressées, du *nexum* ou du gage, la loi n'en avait pas établi d'autres.

On ne peut pas donner le caractère d'exécution sur les biens à la *pignoris capio*, qui n'était autorisée que dans des cas exceptionnels, avons-nous vu, et s'accomplissait sans aucune intervention du magistrat.

Aulu-Gelle nous cite encore un cas d'exécution particulière, consistant dans une prise de gage opérée par les magistrats, pour le recouvrement d'amendes prononcées par eux contres les sénateurs qui ne se rendaient pas à l'assemblée.

Mais toutes ces mesures, je le répète, ont un caractère bien tranché d'exécution restreinte et laissée à l'initiative ou du créancier, ou du magistrat ; la loi n'a encore rien réglé ;

Le premier mode d'exécution sur les biens, véritablement organisé, fut la *sectio bonorum*, et encore fut-il introduit dans l'intérêt du trésor public, et non dans l'intérêt particulier.

La *sectio bonorum* était la vente en masse des biens d'un condamné, pour le paiement du montant de la condamnation, ou du dommage qu'il avait causé par son crime ou délit.

On a cru longtemps que le *sectio bonorum* appartenait au droit prétorien ; mais les notions qui nous sont fournies sur elle par Gaïus, démontrent clairement que c'est là une erreur, et que c'est bien au droit civil que remonte cette institution. Cette erreur n'était-elle pas encore le résultat de cette tendance, bien justifiée du reste, à croire que le droit prétorien, seul, à donné naissance à tout le système d'exécution sur les biens ?

Quoiqu'il en soit, la *sectio bonorum* s'appliquait à l'universalité des biens de celui qui, sur une accusation publique, avait été condamné criminellement à la confiscation de ses biens au profit du trésor, *œrarium*.

La même peine était appliquée à celui qui ne payait pas la *litis œstimatio* dans un *publicum judicium*.

Le trésor était tout d'abord envoyé en possession ; mais, de même que nous avons vu la Loi des XII Tables prononcer l'adjudication définitive du débiteur au profit du créancier, opérant ainsi une véritable *sectio* de son état, *sectio capitis*, de même les biens du condamné n'appartenaient pas de plein droit au trésor, mais devaient être vendus en masse au nom du proscrit ; tel était le nom qui était donné au condamné, et qui venait de l'affichage que l'on faisait de la vente de ses biens, *proscriptio*.

L'envoi en possession accordé par le préteur aux

questeurs du trésor se terminait par une vente publique
des biens, cette vente se faisait aux enchères, *sub hastâ*,
c'est-à-dire sous la lance, symbole quiritaire de la propriété.

C'était du reste le mode de vente usité dans le droit
civil pour toutesl es aliénations faites sous l'autorité du
magistrat, entre autres pour la vente solennelle du gage
donné par le débiteur à son créancier.

C'est cette solennité qui a contribué à donner aux
ventes faites sous l'autorité de la justice, sous la foi
publique pour ainsi dire, un cachet de sécurité plus
grande ; nous verrons, en étudiant l'histoire de la saisie
dans notre droit, que des effets importants, quant aux
droits de l'acheteur, sont attachés à ces sortes de ventes, plus important qu'aux ventes volontaires, dans lesquelles n'interviennent que les parties.

Les biens vendus en masse étaient adjugés à celui
qui en offrait le plus haut prix, et ce prix devait être
versé par lui au trésor, ou encore entre les mains de
ceux à qui une indemnité était due par le condamné.

Les acheteurs de ces biens, appelés *sectores*, les
revendaient généralement en détail, mais acquéraient,
eux, la succession universelle selon le droit civil ; ils
succédaient en un mot aux droits comme aux obligations du proscrit, à sa personne juridique,un interdit
sectorium leur était accordé pour se mettre en possession.

L'histoire nous apprend que des sociétés se formaient ayant pour but l'achat en masse et la revente en
détail des biens des condamnés.

Disons aussi que, de même que lorsqu'il s'agissait d'une dette privée, le condamné était emmené dans les fers par son créancier, de même, pour une condamnation publique, le juge ordonnait son incarcération.

Dans la suite l'*æcrarium* appliqua la procédure de la *sectio bonorum* aux successions qui lui étaient échues; mais plus tard les biens qui en provenaient, ainsi que ceux qui provenaient des condamnés, lui appartinrent immédiatement, sans qu'il fût besoin de procéder à la vente, ni même de faire envoyer en possession.

Telle était donc cette vente universelle au profit du public, qui précéda dans l'histoire du droit la vente au profit des particuliers, la *venditio bonorum*, qui n'en est qu'une extension opérée par le droit prétorien.

Nous n'avons pas voulu nous étendre sur les règles spéciales auxquelles était soumise la vente en elle-même, règles de publicité et autres, ces règles étant reproduite dans la *venditio bonorum* que nous allons étudier en détail. Constatons seulement dès maintenant la ressemblance qu'il y a entre la procédure de ces deux modes d'exécution et la *manus injectio*, quant aux délais prescrits et aux résultats obtenus.

CHAPITRE III.

—

DE L'EXÉCUTION SUR LES BIENS DEPUIS LE DROIT PRÉTORIEN

Avant d'étudier comment on procédait dans chacun des différents modes d'exécution sur les biens introduits par le droit prétorien, il est bon de connaître d'une façon générale par qui il y était procédé, et les principales régles de procédure auxquelles ils étaient soumis. Cette connaissance est d'autant plus utile que nous y trouverons les germes de notre procédure, telle qu'elle existe pour la saisie.

Lorsqu'un créancier a obtenu une sentence contre son débiteur, ou qu'il possède contre celui-ci un titre qui lui en tient lieu, et lui permet d'employer l'exécution forcée, il doit s'adresser à l'autorité publique pour l'obtenir et la mener à bonne fin, et non plus se faire justice soi-même. C'était au magistrat, et non au juge, qu'il fallait s'adresser, par l'action *judicati*, lorsqu'il y avait une contestation soulevée, pour avoir le droit de saisir les biens d'un débiteur.

S'il n'y avait pas de différends à vider, soit sur la validité de la sentence, soit sur des exceptions que pouvait produire le débiteur condamné, il était procédé à l'exécution par des officiers que déléguait le magistrat, appelés *executores, officiales*, etc., ou par le magistrat lui-même, ou encore par les créanciers en cas d'envoi général en possession de tous les biens.

À Rome, sous la République, c'était le préteur qui avait ce pouvoir; il appartenait en Italie aux décemvirs ou à des préfets envoyés de la capitale. On s'accorde néanmoins à restreindre dans de certaines limites le droit d'envoi en possession accordé aux magistrats municipaux; on ne leur reconnaît ce droit que dans le cas où la créance est d'une somme d'argent, et ne dépasse pas une certaine importance évaluée par certains textes à quinze mille sesterces.

Sous l'Empire, les préteurs furent remplacés par les préfets de la ville et par les consuls qui eurent seuls le droit d'exécution; le pouvoir des consuls fut surtout étendu en Italie, où il vint restreindre encore celui des magistrats municipaux, qui n'eurent plus guère que le droit de saisie des objets particuliers, la *pignoris capio causâ judicati.*

Peu-à-peu, les délégués de l'Empereur, consuls, proconsuls, ou préfets du prétoir, absorbèrent entièrement le pouvoir d'exécution, et celle-ci ne fut plus opérée que par eux ou leurs délégués.

Quant au magistrat qui devait être compétent pour telle ou telle question, pour tel ou tel bien, c'était presque toujours celui qui avait connu l'affaire, qui devait présider à l'exécution jusqu'à ce qu'elle fût terminée, à condition toutefois, d'après plusieurs textes, que les biens saisis fussent sous sa juridiction par leur situation, et encore, dans le cas contraire, conservait-il la haute main sur tous les actes qui se produisaient.

La Loi XV de *De Judicatâ* nous apprend en effet qu'une sentence prononcée à Rome peut-être exécutée en province, si c'est là que sont situés les biens qui font l'objet de cette sentence, et un texte d'Ulpien ajoute qu'il suffisait pour cela que l'ordre en fût donné aux présidents des différentes provinces où étaient situés les biens « *si hoc jussi fuerint praesides.* »

Néanmoins les textes ne fixent pas d'une manière absolue des règles de compétence d'où l'on puisse induire l'influence que la situation des biens exerçait réellement sur la procédure de saisie. Si d'un côté il fallait respecter l'autorité des magistrats dans leur ressort, il est cependant difficile d'admettre que dans un envoi en possession de tous les biens du débiteur, par exemple, on poussât ce respect jusqu'à obliger les créanciers à s'adresser à chacun des magistrats dans le ressort duquel étaient situés les biens, pour poursuivre l'exécution. Une sentence générale a été rendue par le magistrat originaire, elle doit-être exécutoire partout, sans qu'il y ait besoin d'une nouvelle intervention judiciaire.

Cette unité d'exécution était nécessaire, et est du reste proclamée par diverses lois au titre *De rebus auctoritate,* et par Gaïus, qui nous apprend que ce qui détermine le lieu de la vente, ce n'est pas la situation des biens, mais l'exercice même de l'action par laquelle on a obtenu cette vente.

Quoiqu'il en soit, il y avait un décret principal

d'envoi en possession émanant du magistrat auquel se sont adressés les créanciers, et alors peut-être ceux-ci étaient obligés de recourir, pour la forme seulement, au magistrat des différents endroits où étaient situés les biens, pour pouvoir en poursuivre l'exécution ; mais celui-ci ne pouvait pas s'y opposer.

Nous avons vu que la saisie était opérée par le magistrat, ou plutôt encore par les *officiales* ; cette intervention directe a lieu surtout dans le cas d'envoi en possession d'objets particuliers. Alors, en effet, il poursuit l'exécution jusqu'au bout par lui-même et pour le compte du créancier ; lorsqu'au contraire il s'agit de l'envoi général en possession de tous les biens du débiteur, que nous étudierons plus loin, l'intervention du magistrat n'a plus ce caractère d'immixtion directe ; il se contente de présider à l'exécution qu'il a lui-même ordonnée, mais il laisse au créancier le soin de se mettre en possession eux-mêmes, et de faire procéder aux divers actes qui s'ensuivent par des agents qui les représentent.

Disons aussi que les *executores* désignés par le magistrat n'avaient que rarement un pouvoir autre qu'un simple pouvoir d'exécution, en ce sens qu'ils ne pouvaient pas prononcer sur les contestations qui s'élevaient dans le cours de la saisie ; leur rôle était borné à l'exécution des ordres qui leur étaient donnés, et en cas de contestations, il fallait s'adresser au magistrat lui-même.

Enfin mentionnons la distinction des jours, en jours fastes et en jours néfastes. Nous avons vu que la *pignoris capio* pouvait avoir lieu un jour néfaste ; on doit en conclure, en l'absence de textes positifs, qu'il en était de même pour tous les actes d'exécution qui ne nécessitaient pas l'intervention du magistrat.

On se rapelle le délai de trente jours accordé au débiteur par les actions de la loi pour s'exécuter, avant d'être soumis à la *manus injectio* ; nous retrouverons ce délai dans les envois en possession du droit prétorien, et nous le verrons successivement porté à deux mois d'abord, puis, sous Justinien, à quatre mois. Ce délai accordé au débiteur qui avait été condamné ou qui avait avoué sa dette en justice, l'était également à ses héritiers, quand il venait à mourir dans l'intervalle. C'était, nous l'avons déjà dit, une sorte de trêve légale pendant laquelle le créancier ne pouvait exercer aucune action contre son débiteur, et après laquelle le débiteur pouvait encore, non-seulement s'acquitter, mais invoquer de nouveaux moyens de défense qui auraient pu surgir, tels que la compensation, etc. De plus, les intérêts de la dette ne couraient pas pendant ce temps-là.

Ce délai pouvait être augmenté par le magistrat, lorsqu'il le jugeait nécessaire, mais il ne pouvait le restreindre que rarement et dans des cas exceptionnels.

Nous verrons plus en détail l'application particulière de chacune de ces règles de procédure que nous venons d'indiquer, aux différents modes d'exécution que nous allons étudier.

SECTION I. — VENDITIO BONORUM.

Le premier des moyens d'exécution sur les biens régulièrement organisés par le droit prétorien fut la *venditio bonorum*, autorisée pour la première fois, en l'an 649 de Rome, par le consul Publilius Rutilius, dont le nom est resté attaché à l'une des formules d'actions que nous allons voir imaginer en faveur de l'acheteur des biens vendus.

De même que nous avons vu le trésor faire vendre les biens de ses débiteurs au moyen de la *sectio bonorum*, de même, par la *venditio bonorum*, les créanciers faisaient vendre les biens de ceux qui se refusaient à les payer.

Le principe qui laissait l'exécution au demandeur se maintint dans la législation prétorienne, mais il devint possible de saisir directement les biens sans s'adresser à la personne.

Quand le débiteur n'exécutait pas le jugement dans le 'délai assigné, le créancier obtenait du magistrat un décret qui l'autorisait à s'emparer, avec l'aide des officiers judiciaires, de tout ce que possédait le débiteur ; telle était la *missio in possessionem rei servandæ causâ*.

Quoique la *venditio bonorum* eût pris réellement racine dans la *sectio bonorum*, la procédure

on est néanmoins empruntée à celle de la *manus
injectio* ; une grande analogie existe également
entre l'un et l'autre de ces deux moyens d'exécution.

Le délai qui devait s'écouler entre la sentence
et le décret d'envoi en possession, était de trente
jours, comme celui que nous avons vus, accordé
par le droit civil au débiteur, avant que le créancier
pût employer contre lui la *manus injectio*. La vente
des biens était séparée de l'envoi en possession
par un délai de soixante jours ; ici encore, nous
retrouvons le délai fixé par la loi entre l'*addictio*
et la vente du débiteur esclave.

Comme le dit à juste titre M. Ortolan dans son
explication des Instituts. « La personnalité juridique, c'est-à-dire l'ensemble de tous les droits actifs
ou passifs qu'avait le débiteur, a pris la place de
la personnalité physique ; on applique à l'une ce
qui dans les actions de la loi s'appliquait à
l'autre. »

Hâtons-nous d'ajouter que du reste l'exécution
contre la personne continuait d'exister à côté de
l'exécution sur les biens, avec les adoucissements
dont nous avons déjà parlé.

Outre le cas qui nous occupe spécialement, à
savoir l'exécution d'une sentence, l'envoi en possession pouvait encore être obtenu sur les biens
d'une personne absente ou qui s'était cachée, en
un mot qui ne s'était pas défendue contre les
prétentions du demandeur *(indefensus)*. C'était

plutôt alors un acte conservatoire qu'un moyen de contrainte.

Disons encore que dans ce cas, l'exécution sur la personne étant impossible à réaliser, l'exécution sur les biens y suppléait réellement.

On ne sait pas bien, lorsqu'il y avait possibilité de recourir à l'une ou à l'autre voie, d'après quelles règles on se prononçait pour l'une ou pour l'autre. Les employait-on simultanément, ou le créancier avait-il seulement le choix entre les deux? Je crois plutôt que toutes deux étaient employées à la fois, et que le créancier prenait une sûreté de plus en se faisant autoriser par le magistrat à emmener le débiteur chez lui, pour gage de sa créance.

Quoiqu'il en soit, l'exécution sur la personne continua d'être considérée comme la voie ordinaire, et ce qui le prouve, c'est que le droit de l'autoriser continua de faire partie des attributions de la *jurisdictio* proprement dite, alors même qu'elle fut notablement retrécie, tandis que la *misson in bona* était considérée au contraire comme dépendant de l'*imperium* du magistrat.

La *missio in possessionem rei servandæ causâ* n'était pas une simple mesure de protection et de contrainte, et ses effets ne s'arrêtaient pas toujours à ceux qu'elle pouvait produire directement et par elle-même. Elle servait en effet d'introduction à la procédure ordinaire par laquelle s'établissait et se réglait le concours entre les créanciers, procédure qui aboutissait, elle aussi, si elle n'était arrêtée à temps, à la *venditio bonorum*. La *missio* ainsi obtenue du préteur donnait tout d'abord un droit de garde et d'administration au créancier sur les biens, et de plus le droit de procéder à la *proscinptio bonorum*, ou annonce de la vente par affiches.

Un délai de trente jours, l'orsqu'il s'agissait des biens d'un débiteur vivant, et de quinze jours, s'il s'agissait des biens d'un défunt était accordé au débiteur pour pouvoir se défendre et éviter la *venditio bonorum*, pourvu toutefois qu'il fournît une caution *judicatum solvi*.

Il paraît même que lorsque le préteur avait envoyé en possession par suite d'une cession de biens faite solennellement, cession que nous étudierons plus tard, le débiteur pouvait encore jusqu'à la vente rétracter sa déclaration et se défendre.

Les trente jours expirés, les créanciers étaient convoqués par le préteur pour choisir parmi eux un magister ou syndic chargé de préparer et de poursuivre la vente des biens et d'y procéder. Il ne faut pas confondre ce magister, avec le curateur à qui le préteur confiait quelquefois l'administration de certains biens qui ne devaient pas être vendus, ni avec le curateur *bonis distrahendis* que nous allons voir remplacer le magister dans la vente en détail des biens, qui devait succéder à la *venditio bonorum*.

Le magister prêtait serment de remplir fidèlement la mission qui lui était confiée, il n'avait aucun compte à rendre aux créanciers qui n'avaient pas pris part à son élection, mais ceux-ci avaient néanmoins le droit de participer au prix de la vente.

Après la nomination du syndic, un nouveau délai de trente jours était fixé pour les mesures préliminaires auxquelles pourrait donner lieu la vente entre autres la rédaction d'une *lex vendendorum*, ou cahier indiquant les charges qui devaient être imposées à l'acheteur et en général les conditions auxquelles la vente devait avoir lieu.

Pendant ces trente jours, on faisait de plus annoncer la vente par des criées successives ; à leur expiration avait alors lieu la vente aux enchères du patrimoine saisi, dans tout son ensemble, actif ou passif, en un seul tout, *per universitatem*.

Le patrimoine était attribué à celui qui offrait aux créanciers qui s'étaient fait connaître, le paiement d'une plus forte quote-part sur ce qui leur était dû, en un mot le paiement du plus fort dividende; le tout conformément aux lois de la vente, qui contenaient, outre l'énumération des droits réclamés sur le patrimoine, les conditions de paiement imposées à l'adjudicataire et les garanties qu'il devait donner pour le dit paiement aux créanciers.

La *venditio bonorum* avait pour effet d'ouvrir au profit de l'acheteur des biens, *bonorum emptor*, un droit de succession universelle sur le patrimoine du débiteur saisi, droit analogue à un droit d'hérédité, mais simplement prétorien, avec *l'in bonis* et ses suites au lieu de *l'ex jure Quiritium,* principalement avec action utiles pour ou contre le *bonorum emptor.*

Quant au débiteur, il restait tenu vis-à-vis de ses créanciers, pour tout ce qu'ils n'avaient pas reçu de leurs créances, mais toutefois seulement s'il lui advenait de nouveaux biens. Mais si les créanciers ordinaires ne pouvaient obtenir de l'*emptor bonorum* que le prix qu'il avait promis de payer à chacun d'eux, en revanche ceux qui avaient à la fois une créance sur le débiteur dont les biens ont été vendus, et une dette envers lui, pouvaient opérer de plein droit la déduction intégrale de ce qui leur était dû, sans diminution d'aucune sorte, et ne payer à l'*emptor bonorum* que l'excédant de leur dette sur leur créance encore que celle-ci ne fût point de même nature, ni même exigible ; c'était là une compensation forcée.

A part donc ce cas de déduction, l'*emptor bonorum* ne pouvait être actionné par les créanciers qu'au prorata fixé de ce qui leur était dû et à son tour il exerçait les droits du débiteur, au moyen de l'action utile Rutilienne, en vertu de laquelle il était censé être le mandataire de ce dernier. S'il s'agissait des biens d'un défunt, il avait l'action utile, Servienne, qui le faisait considérer comme héritier.

Quant aux actions réelles qui pouvaient appartenir à des tiers sur les biens, ceux qui se prétendaient propriétaires pouvaient revendiquer, après comme avant la vente, et avaient le droit de demander la séparation des deux patrimoines, celui du débiteur et celui de l'acheteur.

Lo décret d'envoi en possession no nuisait pas non plus aux créanciers hypothécaires antérieurs à cet envoi ils étaient préférés à ceux qui l'avaient obtenu, et devaient être payés intégralement ; quant aux créances privilégiées elles ne donnaient une préférence que sur les créances chirographaires, quelles que soient leurs dates.

Tels sont les principales règles et les résultats saillants de la *venditio bonorum*, qui tout en ayant réalisé un grand progrès sur les moyens d'exécution du droit civil, y avait cependant puisé un grand nombre de ses caractères, et en avait conservé quelques-uns des inconvénients ; c'est-ainsi, sans parler de l'inutilité qu'il y avait parfois pour un créancier de saisir tous les biens de son débiteur, que le droit prétorien n'avait pu se détacher complètement de la rigueur déployée par le droit civil contre ce dernier, et avait continué à attacher une note d'infamie à la personne du débiteur dont les biens étaient mis en vente. Voyons en quelques mots en quoi elle consistait :

Et d'abord l'infamie commençait pour le débiteur en même temps qu'il était dépouillé de ses biens par l'envoi en possession. C'est contre ce résultat cruel du décret que s'élevait Cicéron en termes éloquents, dans son plaidoyer célèbre pour Quintius, lorsqu'il s'écrie «*Ergo hujus omnis fama cum bonis possidetur,* » et plus loin, en parlant des syndics de la vente. « Les voilà établis comme des maîtres qui prononcent, dit-il dans une image énergique, sous quelles lois et à quelles conditions le débiteur va périr, et sa succession donnée de son vivant à un autre. » Il attache tant d'importance à l'*existimatio* de son client, qu'il considère la cause qu'il défend comme une cause capitale.

L'infamie était autre chose qu'un déshonneur moral infligé à un débiteur récalcitrant ou insolvable, c'était un état de droit dont les effets étaient prévus et réglés, c'était en un mot un surcroît de peine ajouté à l'exécution des biens. L'infamie avait donc un caractère juridique, des limites précises et des effets déterminés. Elle résultait dans la plupart des cas d'un jugement qui la prononçait comme peine principale ou accessoire, mais elle résultait de droit de la *venditio bonorum*. Le caractère pratique de l'infamie était la perte de tous les droits politiques, les droits de cité réservés. L'infamie perdait son droit de suffrage et d'éligibilité. Mais il conservait ses droits civils. C'était donc une espèce de *capitis diminutio* incomplète ; les infâmes formaient une caste à part, et les censeurs les classaient tous les ans. Non seulement l'infamie fut supprimée dans les moyens d'exécution qui vinrent remplacer la *venditio bonorum*, mais alors même qu'elle était appliquée, elle perdit de son caractère en même temps que décroissait sous les empereurs l'importance des droits politiques.

SECTION II. — DISTRACTIO BONORUM.

Les inconvénients attachés à la *bonorum venditio* étaient trop nombreux pour qu'on ne songeât pas à y remédier, et à mettre les moyens d'exécution en rapport avec le reste du droit. Aussi Justinien nous apprend-il que l'on vendait sous son règne les biens du débiteur séparément et suivant que le juge le trouvait utile.

La *venditio bonorum* disparut en même temps que le système formulaire, sous Dioclétien ; différents textes attribuent cette disparition à la cessation des *conventus* et à l'introduction de la procédure extraordinaire.

Quoiqu'il en soit, la *distractio bonorum* ou vente des biens en détail, ne succéda pas brusquement à la *venditio*. Elle avait ses racines dans le passé, et chose qui arrive souvent en droit romain, elle avait longtemps marché de front avec la *venditio bonorum* avant de la supplanter.

La vente des biens en détail était donc accordée depuis longtemps aux personnages considérables, *claræ personæ*, aux sénateurs et à leurs femmes, pour leur éviter l'infamie : « *Ut honestius ex bonis ejus, quantum potest, creditoribus solveretur. (L. 5 de curat. fur.)*

La *distraction* faisait alors ainsi: les magistrats nommaient un curateur qui vendait en détail les biens du débiteur. Lorsqu'elle fut introduite régulièrement par un senatusconsulte antérieur à Trajan, et cité par le jurisconsulte Nératius, qui vivait sous ce règne, elle avait également lieu par les soins d'un curateur nommé par le préteur ou le président de la province (Gaius I, *5, de cur. fur.*), toutefois avec le consentement de la majorité des créanciers (*L. 2 de cur. bon. dando*).

S'il y avait eu un curateur nommé pour l'administration des biens, c'était le même qui procédait à la vente; partout en effet il n'est parlé que d'un seul et même curateur, surtout lorsque la vente en détail fut seule usitée. Le curateur pouvait être nommé, d'après la Loi 5, par les créanciers réunis en conseil privé. La Constitution 10 § 1 de *bon. auct jud.*, paraît même admettre la vente par les créanciers eux-mêmes.

Une nouvelle amélioration fut encore apportée au sort du débiteur malheureux les délais entre l'envoi en possession et la vente furent allongés et portés successivement à deux ans, puis, sous Justinien, à quatre ans ; les créanciers envoyés en possession ne pouvaient faire vendre ces biens avant l'expiration de ce délai sans l'autorisation du magistrat.

Cette longueur de délai peut s'expliquer, sous le règne de cet empereur, par cette considération que l'exécution par envoi en possession ne s'applique guère qu'au cas de défaut du défendeur ; pour l'exécution d'une sentence, on avait recours à un *pignoris capio causâ judicati*, ou saisie d'objets particuliers que nous allons étudier.

Lorsque la vente avait été autorisée, les créanciers

y faisaient procéder sans une nouvelle intervention du magistrat ; elle avait lieu le plus souvent aux enchères quoique cela ne fût pas obligatoire. La vente opérée, les créanciers avaient, pour se faire payer du curateur qui touchait les fonds, l'action de mandat et une action *in factum*. Les créanciers hypothécaires ou privilégiés étaient payés les premiers, comme dans la *venditio bonorum* et les créanciers ordinaires touchaient, au *prorata*, ce qui restait du prix. Si lorsque toutes les créances connues étaient payées il restait encore de l'argent, il était déposé au trésor de l'église, où les créanciers tardifs venaient le toucher ; le débiteur pouvait réclamer l'excédant.

Quel que fût le prix de la vente, il devait être déclaré devant le défenseur de la cité qui l'enregistrait et ceux qui, avaient procédé devaient jurer qu'ils l'avaient faite au taux le plus élevé possible.

Dans les derniers temps, on avait encore introduit une amélioration sensible à la vente en détail, en autorisant le magistrat à ne permettre la vente que jusqu'à concurrence de ce qui était nécessaire pour satisfaire les créanciers, *usque ad modum debiti*. Les Instituts de Justinien nous apprennent encore que les biens pouvaient être partagés entre les créanciers, sans qu'il fût besoin de les vendre, *vel inter eos dividantur*.

Quant aux actions du débiteur, le curateur les exerçait au moyen d'une action utile que lui donnait le préteur.

Les hypothèques subsistaient sur les biens vendus. Quoique les textes soient muets sur ce point. Il faut décider qu'il en était alors, comme nous le verrons dans le cas de vente sur saisie d'un objet particulier, et qu'on ne pouvait procéder à la vente qu'en désintéressant les créanciers hypothécaires lorsque ceux-ci avaient fait opposition.

Nous terminerons ce qui regarde la *distractio bonorum* en signalant les deux points principaux par lesquels elle diffère de la *venditio bonorum*. Et d'abord, aucun effet infamant n'y est plus attaché quoiqu'il restât comme une espèce de défaveur attachée à celui dont les biens avaient été vendus, défaveur que fit disparaître tout-à-fait le bénéfice de cession de biens, que nous allons voir accorder au débiteur malheureux par une loi Julia. Enfin ceux qui se rendaient acquéreurs dans une vente en détail étaient assimilés complètement à des acquéreurs à titre particulier, ils devaient le prix de la vente et avaient une garantie directe contre le débiteur, en cas d'éviction ; il n'y avait plus là aucun des caractères de l'acquisition à titre universel.

SECTION III. — CESSION DE BIENS.

La Loi des XII Tables permettait déjà aux débiteurs de prendre un arrangement avec leurs créanciers, même pendant les trente jours qui précédaient l'exécution ; à plus forte raison, dut-il en être ainsi plus tard lorsque le droit romain se fut départi de sa rigueur excessive, en remplaçant l'exécution de la personne par l'exécution sur les biens.

Depuis longtemps déjà un héritier institué, avant de faire adition de l'hérédité d'un insolvable, pouvait s'entendre avec les créanciers héréditaires, afin de ne pas être exposé à leurs rigueurs et d'un autre côté, d'épargner au défunt la tache d'ignominie qui était attachée à Rome au nom de celui qui mourait sans héritier. L'usage s'était introduit aussi d'accorder un délai au débiteur qui affirmait par serment son insolvabilité, et qui jurait en même temps de faire tout ce qui dépendait de lui pour satisfaire ses créanciers. Tel est du moins le sens que l'on donne généralement à un passage de Varron ainsi conçu : *Omnes qui bonam copiam juràrunt, ne essent nexi.*

Ce texte place cette disposition sous la dictature de Sylla ; mais cette ressource accordée au débiteur malheureux d'échapper ainsi aux moyens de contrainte rigoureux donnés aux créanciers, ne fut établie régulièrement et d'une manière permanente que par une loi Julia, que l'on place généralement en l'an 728 de Rome, et qui doit être une loi judiciaire d'Auguste, et non de César, comme quelques-uns le prétendent.

Cette loi établit donc définitivement pour le débiteur, le droit de céder tous ses biens à ses créanciers pour se soustraire à leurs poursuites. Nous voyons en effet un titre du code Théodorien ainsi conçu : *Qui bonis ex lege Julia cedere possunt.*

La cession des biens avait lieu toujours à la suite d'une sentence ou d'un aveu en justice, et se faisait par une déclaration solennelle devant le magistrat, dans laquelle le débiteur abandonnait tous ses biens à ses créanciers en paiement de ses dettes.

Sous Justinien, la cession n'était plus soumise à une déclaration en justice, tout se passait entre le débiteur et le créancier. Toutefois celui-ci n'était pas dispensé de demander au préteur l'envoi en possession.

La cession de biens avait pour effet principal de soustraire le débiteur à l'exécution sur la personne, de lui épargner l'infamie qui résultait de la vente en masse des biens, par ordre du magistrat. D'un autre côté il n'était libéré que jusqu'à concurrence de ce qu'avait rapporté la vente de ses biens; s'il n'en acquérait pas de nouveaux, il pouvait repousser toutes les réclamations nouvelles de ses créanciers par l'exception *nisi bonis cesserit ;* d'après les Sabiniens, il pouvait invoquer cette exception, même contre les créanciers qui l'actionnaient pour la première fois.

Si au contraire il acquérait par la suite d'autres biens, les créanciers avaient bien recours sur eux, mais il ne pouvait être condamné que jusqu'à concurrence de ce qu'il pouvait payer; il échappait une seconde fois à la contrainte par corps. C'est là ce qu'on a appelé le bénéfice de compétence, attribuée encore à certaines autres personnes, soit à cause des liens qui les unissent à leurs créanciers, soit à cause de leur qualité.

La cession de biens ne transférait aucun droit irrévocable aux créanciers sur les biens du débiteur, tant que la vente n'en avait pas eu lieu. Jusque là celui-ci pouvait les reprendre en payant intégralement ce qu'il devait.

J'ai dit que la cession de biens était un moyen d'échapper non-seulement à la contrainte par corps, mais encore à l'infamie. Néanmoins il résulte de la *Novelle* 135 de Justinien qu'un certain déshonneur y était attaché. Celle-ci défend en effet au magistrat de forcer le débiteur malheureux à la faire, à cause de la honte qui en résulte.

Une autre constitution de Justinien permet aux fils de famille de faire une cession anticipée, lors même qu'ils n'ont pas encore de biens propres. C'est un moyen pour eux d'échapper aux rigueurs des créanciers, en engageant leurs biens à venir. On sait en effet qu'ils acquéraient rarement la propriété pour leur compte.

Il est bien entendu que le bénéfice de cession n'était accordé qu'aux débiteurs malheureux; c'est là le point de départ de cette institution; c'est le cas indiqué primitivement par la Loi des XII Tables, et il n'y a aucune raison de croire qu'on ait étendu ce bénéfice à tous les débiteurs quels qu'ils soient, puisque nous voyons à côté de cela subsister l'exécution sur la personne, et que Gaïus nous parle de la diffé-rence entre la vente ordinaire et la vente des biens d'après la loi *Julia*. On sait que sous Justinien, la prison publique pour dettes existe encore, il y avait donc d'autres moyens d'exécution.

Il faut ainsi décider que la cession de biens n'est qu'une faveur accordée à quelques-uns, et non un moyen d'exécution ayant remplacé ceux qui existaient auparavant.

Quant au résultat final de la cession des biens du débiteur, à savoir leur vente au profit des créanciers, elle était régie par les mêmes règles que la vente ordonnée par le magistrat.

SECTION IV. — SAISIE D'OBJETS PARTICULIERS.

L'envoi en possession de tous les biens du débiteur, suivi de leur vente, avait été un progrès sensible réalisé par le droit prétorien sur le droit civil et son exécution sur la personne; il était, nous l'avons dit, plus profitable au créancier et moins cruel pour le débiteur malheureux.

Mais en revanche, il n'offrait de réels avantages qu'autant que, le débiteur étant insolvable, plusieurs créanciers venaient concurremment se disputer ses biens. Alors, en effet, cet ensemble de mesures longues et compliquées, édictées par le droit prétorien, pour arriver à la vente d'une universalité de biens, avait sa raison d'être, car il s'agissait, non plus seulement de forcer le débiteur à satisfaire ses créanciers, mais encore de déterminer dans quelle mesure ceux-ci devaient recueillir le prix qui résultait de la vente. Il fallait donc les appeler tous à faire valoir leurs droits, et proportionner leur part à l'importance de leur créance.

Mais où le droit prétorien était défectueux, c'est quand il exigeait les mêmes formalités pour arriver à satisfaire un seul créancier, alors même qu'il s'agissait d'une somme modique. Aussi, ne devait-il pas s'arrêter là, et nous allons le voir introduire peu-à-peu, sinon positivement par des règles fixes, du moins en pratique, un nouveau mode d'exécution, la saisie, au profit d'un créancier, d'un ou de plusieurs biens déterminés du débiteur, pour assurer l'exécution d'une obligation contractée par ce dernier, et sanctionnée par une sentence ou un aveu en justice; nous retrouvons ici les deux seuls cas dans lesquels nous avons vu que s'exerçait primitivement la *manus injectio*, ou exécution sur la personne : *judicium aut confessio*.

Ce moyen devait s'introduire d'autant plus facilement dans les mœurs juridiques romaines, qu'il avait été précédé dans le droit civil par un moyen presque analogue employé par le créancier, en dehors, il est vrai, de toute intervention judiciaire; ou encore par les magistrats, comme moyen de contrainte. De tout temps, ceux-ci en ont fait usage dans les cas d'actions extraordinaires, et, en général, pour toutes les affaires dont ils connaissaient seuls; c'était la *pignoris capio*, que l'on connaît déjà.

Néanmoins, malgré ces précédents qui auraient dû

l'introduire d'une façon régulière parmi les moyens d'exécution, la *pignoris capio causâ judicati* ne fut définitivement réglée que par un rescrit d'Antonin, qui en fait l'application seulement aux *judicati* et aux *confessi*. D'autres rescrits sont venus consacrer et augmenter cette application.

La Loi 15, *De re judicatâ*, qui développe et expose le rescrit d'Antonin, nous apprend que ce mode d'exécution devait être employé contre un débiteur de mauvaise volonté, plutôt que contre un débiteur insolvable.

En effet, l'envoi en possession de tous les biens de ce dernier offrait des avantages aux créanciers, puisqu'ils étaient même insuffisants pour les désintéresser, et que la plupart du temps, l'acheteur de ces biens ne leur payait qu'une quote-part de ce qui leur était dû.

Une des raisons qui doivent encore faire admettre que la *pignoris capio causâ judicati* ne tarda pas à être usitée par le droit prétorien, c'est que dans tous les textes qui nous sont parvenus, traitant de l'envoi en possession de l'universalité des biens du débiteur, ce moyen est surtout employé contre le débiteur absent ou qui ne s'est pas défendu ; là, en effet, il se comprend sans peine : ou l'on est en face d'un débiteur insolvable, ou bien encore il faut pourvoir à l'administration de ses biens, en son absence.

C'est rarement que l'envoi en possession est appliqué à l'exécution des sentences, il ne l'est plus du tout dans le dernier état du droit. La saisie d'objets particuliers a donc dû être dès longtemps le moyen réservé aux condamnations et aux aveux en justice, et puis elle a aussi son point de départ dans un moyen de sûreté réelle donné aux créanciers, et qui existe depuis longtemps dans le droit romain, le gage conventionnel.

Si en effet, cette saisie tient de la *pignoris capio* primitive en ce qu'elle s'opère sur des objets particuliers, elle en diffère néanmoins sur un point essentiel. Elle n'est pas, comme celle-ci, un moyen brutal de se faire justice soi-même; dans l'état de perfectionnement où il est arrivé, le droit romain n'admet plus ce genre de moyens. C'est donc une exécution réglée par le magistrat, de même que la convention des parties réglait la constitution de gage.

Ce double caractère d'exécution forcée et de gage, nous le rencontrons dans la saisie telle qu'elle existe dans notre droit actuel. Nous verrons l'intervention du magistrat rendue moins nécessaire par l'introduction de la formule exécutoire, qui dispense de beaucoup des formalités du droit romain, telles que la condamnation et l'aveu en justice, en donnant force de loi aux actes intervenus entre les parties. Nous verrons enfin que la saisie est le résultat de ce principe de notre droit que tous les biens d'un débiteur sont le gage tacite de son créancier.

Voyons maintenant comment était pratiquée cette saisie d'objets déterminés, en droit romain, et quels en étaient les effets.

Un délai de trente jours, *judicati tempus*, est,

comme dans tous les envois en possession, accordé au débiteur condamné, pour payer sa dette. Ce délai expiré, le créancier s'adresse au magistrat compétent, qui rend *extra ordinem* un décret par lequel il charge des officiers sous ses ordres, *officiales*, de saisir quelques-uns des biens du débiteur pour le compte du créancier. Ces biens doivent être au moins de la valeur de la créance, ils en sont dès-à-présent le gage constitué.

Notre Loi 15, *de re judicatâ*, nous rapporte la teneur du rescrit d'Antonin à ce sujet, et nous apprend qu'on ne pouvait saisir indistinctement tous les biens, mais qu'il fallait suivre un ordre à cet effet.

Lorsqu'il s'agit, nous dit-elle, de vendre les biens du débiteur pour l'exécution d'une sentence, la saisie doit être pratiquée d'abord sur les meubles vivants, c'est-à-dire les esclaves et les animaux. Tel qu'il existe, le texte semble indiquer qu'on doit d'abord saisir ces derniers seuls, et en cas d'insuffisance, après eux seulement les autres meubles. Mais on pense généralement que l'on devait saisir en même temps tous les meubles, puisque la loi, après avoir parlé des meubles vivants, ne parle plus des autres.

C'est en vain que certains commentateurs en donnent pour raison que les esclaves et les animaux sont plus dispendieux à conserver que les autres meubles, à cause de leur nourriture, et qu'il fallait pour cette raison se hâter de les vendre, avant de saisir les autres.

Quoiqu'il en soit, si le prix des meubles vivants ou

autres, ne suffit pas pour acquitter la dette, il doit être alors seulement procédé à la saisie des immeubles ; le juge a dû, dans son décret qui ordonne la saisie, indiquer cet ordre à suivre, et enjoindre de s'y conformer.

Enfin, si les immeubles mêmes sont insuffisants, on saisit les créances. Avant Antonin, leur saisie faisait difficulté, quoique plusieurs textes d'Ulpien et de Gordien nous montrent des décisions qui l'autorisent. Une autre constitution d'Antonin va plus loin, et nous apprend qu'il suffisait pour que les créances pussent être saisies, qu'il y eût des contestations au sujet des autres biens.

Les textes ne nous disent pas formellement, comment s'opérait la saisie d'une créance. On saisissait sans doute le titre, et on en notifiait la saisie au débiteur avant d'en poursuivre l'exécution sur lui ; on peut du moins induire ces formalités à remplir de ce qui avait lieu en cas de gage conventionnel.

Néanmoins on ne pouvait saisir que les créances reconnues ; si le débiteur en cause n'avouait pas sa dette, la créance ne pouvait être saisie.

Pour les meubles, si une contestation s'élevait quant à leur propriété, le juge tranchait immédiatement la question, et il était passé outre ; pour les créances on l'a vu, il n'en était pas ainsi : le juge ne devait pas connaîtr de l'existence même de la créance ; celle-ci devait donc être laissée de côté.

Le créancier pouvait aussi faire saisir l'argent que le débiteur avait en dépôt chez les banquiers, ou encore, dans quelque main qu'il fût, tout argent qui devait lui être remis, soit qu'il l'eût déposé lui-même, soit qu'il lui fût dû.

Ici le texte de la loi ajoute que l'argent d'un mineur condamné devait avoir le même sort que celui d'un autre débiteur, et être saisi, en quelque mains qu'il se trouvât, pour l'exécution d'une sentence ; fût-il même destiné à acheter un immeuble pour le mineur, la saisie pouvait en être opérée sans qu'il fût besoin d'obtenir une permission spéciale du préteur. On sait au contraire, que pour l'aliénation des biens immobiliers d'un mineur, un décret du magistrat était nécessaire ; c'est sans doute cette différence qu'a voulu constater la loi, dans la crainte que l'on étendît la protection accordée au mineur jusqu'à défendre la saisie de son argent destiné à acquérir des immeubles.

Du reste, si l'aliénation volontaire des biens immobiliers d'un mineur, nécessite une autorisation du magistrat, il n'en est plus de même de l'aliénation sur saisie, il n'est pas besoin d'un décret spécial pour autoriser la saisie des immeubles, le décret originaire suffit, car il a dû indiquer les choses qui devaient être saisies en même temps que l'ordre dans lequel elles devaient l'être.

Il y avait cependant certains objets privilégiés qui ne pouvaient être saisis, non à cause des personnes auxquelles ils appartenaient, mais à cause de leur nature. Cette interdiction était introduite dans l'intérêt de l'agriculture d'abord, du fisc ensuite qui a lui-même intérêt à ce que l'agriculture prospère, pour assurer le recouvrement des impôts. C'est ainsi qu'une constitution de Constantin interdit la saisie de tous les esclaves et instruments attachés à un fonds de culture, et attache des peines à l'inobservation de cette interdiction, pour toutes les personnes qui coopéraient à cette saisie, créanciers, magistrats, etc,

Il y avait d'autres objets enfin qui ne pouvaient être saisis qu'à défaut de tout autre bien, par exemple, la solde des militaires et les récompenses décernées aux vainqueurs des jeux.

La saisie constitue, au profit du créancier, un droit de gage qui le protège contre toute aliénation postérieure du débiteur, totale ou partielle; il est néanmoins soumis à la préférence que peut avoir une hypothèque conventionnelle déjà constituée, Il faut, pour que ce droit de gage existe, que la saisie soit réellement exécutée *(Const. 2. Qui pot. in pign.)*

Il résulte en effet de la *L. 26. § 1 de pign. act.*, que tout droit de cette nature constitué par un magistrat n'existe que du jour de l'entrée en possession. Il diffère du gage prétorien en ce que celui-ci n'établit pas de causes de préférence entre les créanciers, suivant les époques auxquelles ils l'ont obtenu; ici au contraire, comme du reste dans presque tous les envois en possession, il y a préférence établie par l'ordre de saisie. Enfin il diffère et du gage conventionnel et du gage prétorien, en ce que l'objet n'est pas mis en la possession du créancier, mais confié à la garde des officiers du magistrat. Ce n'est du reste pas un gage proprement dit, puisque c'est le prix de la vente seule qui doit servir à indemniser le créancier ; la vente est le seul but poursuivi.

Nous venons de voir que le créancier saisissant était obligé de respecter les hypothèques conventionnelles, constituées sur l'objet saisi ; il peut se faire encore qu'il s'élève des contestations sur la propriété même des choses saisies, meubles ou immeubles, ou encore qu'un tiers prétende avoir sur eux certains droits réels ou autres.

S'il y a contestation sur la propriété, il faut laisser l'objet saisi de côté, s'il y en a d'autres à saisir en quantité suffisante, sur lesquels il n'y ait aucune contestation. Si, au contraire, il est nécessaire de comprendre le bien litigieux dans la saisie, le magistrat qui procède à l'exécution doit connaître sommairement de la question de propriété. Il devra décider, si le tiers réclamant a réellement des droits sur l'objet, que celui-ci soit distrait de la saisie. Si au contraire il n'en a aucun, il doit être passé outre.

Néanmoins, ce n'est là qu'une décision provisoire et non définitive, et n'ayant pour résultat que de lever les difficultés qui viennent entraver la saisie. Elle n'aura donc pas force de chose jugée quant au fond, et, soit que la sentence ait été rendue contre le débiteur, soit qu'elle l'ait été contre un tiers, elle sera sans force contre eux en dehors de ce qui regarde la saisie, et la question de propriété pourra être de nouveau débattue.

Il en est généralement de même pour toute demande incidente tranchée sommairement. Une loi insérée au *Digeste* nous cite un cas de la force purement relative de la chose jugée incidemment. Il s'agit d'une question de filiation jugée à l'occasion d'une demande d'aliments ; le juge a statué, il est vrai, mais la question pourra néanmoins être débattue de nouveau.

Quant aux magistrats chargés de statuer sur les questions incidentes de la saisie, certains commentateurs ont cru voir dans le texte que c'étaient les *officiales* chargés de pratiquer la saisie. Mais cette opinion doit être rejetée, car ceux-ci n'ont qu'une attribution complètement d'exécution et non de juridiction ; ce n'est qu'exceptionnellement, et dans des cas de peu d'importance, qu'ils ont à statuer sur des contestations.

Ici il s'agit d'une question de propriété qui est complétement en dehors de leur compétence; c'est donc le magistrat qui a rendu le décret de saisie qui doit connaitre toutes les questions soulevées dans la suite relativement à la dite saisie.

Il en est de même lorsqu'un tiers vient invoquer un droit d'hypothèque sur l'immeuble saisi; dans ce cas la saisie n'est pas arrêtée, mais l'objet ne doit être vendu qu'autant qu'on en offrira un prix suffisant pour désintéresser le créancier hypothécaire et le créancier saisissant. De plus, l'objet saisi doit rester entre les mains du saisissant et non du créancier hypothécaire; celui-ci n'a, en effet, rien à craindre, puisqu'il doit être payé le premier sur le prix de la vente.

Nous avons vu qu'en cas de contestation sur les créances, il n'était pas procédé à leur saisie, quoiqu'il y eût grande analogie entre elles et les meubles. Cette différence vient de ce qu'il n'eût pas été facile d'agir contre un débiteur qui niait sa dette, tandis qu'au contraire il est toujours facile de faire vendre l'objet saisi; on a voulu ainsi éviter les complications.

Il fallait donc attendre, si les autres biens saisis étaient insuffisants, que le débiteur exerçât lui-même sa créance; ou encore le créancier pouvait demander lui-même l'envoi en possession, et se faire ainsi autoriser à exercer toutes les actions de son débiteur.

VENTE DES OBJETS SAISIS.

Une fois la saisie opérée, et le droit de gage constitué sur l'objet saisi, un délai de deux mois est fixé par la constitution d'Antonin-le-Pieux, dans l'intérêt du débiteur, avant que la vente puisse être opérée. On reconnaît là le délai de soixante jours de la *manus injectio* et de la *venditio bonorum*, ces deux moyens primitifs d'exécution.

De même que la saisie, la vente a lieu sous l'autorité du magistrat, par l'office des *executores*. Quoique les textes ne le disent pas d'une façon positive, elle ne devait avoir lieu, croyons-nous, qu'aux enchères ; c'est du reste, la seule vente publique usitée à Rome ; elle se faisait sous la lance symbolique, *sub hastâ*.

Le créancier pouvait lui-même prendre part aux enchères, et acquérir la chose saisie, si c'était lui qui offrait le prix le plus élevé, ou encore s'il n'y avait pas d'enchérisseur. Tels sont les deux cas indiqués par la *Const. 2, si in causâ judicatâ*.

Il n'est plus besoin, comme sous le droit civil et le droit prétorien, de fictions juridiques pour transférer à l'acheteur la propriété quiritaire des objets saisis. Celle-ci lui est transmise directement, pourvu toutefois que le débiteur soit lui-même le véritable propriétaire.

S'il ne l'était pas, et que l'acheteur fût évincé, il n'avait pas recours contre le créancier qui avait fait saisir et vendre l'objet, pas plus que contre les *officiales* chargés de la vente, mais bien seulement contre le débiteur que cette vente avait libéré ; ce recours avait lieu, non pour le montant de l'intérêt qu'il avait à la vente, mais seulement pour le prix auquel il avait acheté, et les intérêts de ce prix.

Ce n'est plus, nous dit Ulpien, le juge qui a présidé à la saisie, qui connaîtra de tous les incidents qui pourront survenir, et des contestations soulevées, soit contre l'acquéreur, comme celles que nous venons de voir tendant à son éviction, soit par l'acquéreur lui-même, s'il ne paie pas le prix d'adjudication. Dans ce cas, en effet, il peut arriver que l'acquéreur élève une contestation au fonds, et prétende ou n'avoir pas acheté, ou avoir payé ; c'est donc une instance nouvelle qu'il faut introduire. Ici encore la tâche du premier juge est terminée, d'autant plus que, comme la vente n'a pu être faite qu'au comptant, le créancier au profit duquel elle a eu lieu n'a plus intérêt à la cause; le prix a dû lui en être versé immédiatement par les *officiales*, sinon il a recours contre eux, et contre eux seuls. C'est à eux, à leur tour, à agir contre l'adjudicataire récalcitrant.

Le créancier saisissant conserve en outre son hypothèque sur les biens saisis; s'il le préfère, il peut considérer la vente comme non avenue, et le premier juge peut en ordonner une nouvelle, sans tenir aucun compte de la première adjudication, mais en considérant au contraire l'objet en litige comme n'étant pas encore hors des liens de la première saisie.

Quand le prix a été payé régulièrement par l'acheteur, la vente est parfaite et le débiteur dépouillé irrévocablement, à moins que, s'il est mineur, il n'invoque la *restitutio in integrum*, et encore dans ce cas, pour que la vente soit résolue faudra-t-il qu'il y ait grand intérêt pour lui à recouvrer les objets saisis, lors même qu'il serait restitué contre la condamnation elle-même, la *restitutio in integrum* peut en effet être invoquée non-seulement contre la vente, mais encore contre ce qui a surtout préjudicié au mineur, contre la sentence en vertu de laquelle elle a eu lieu; dans l'un et l'autre cas, il ne peut demander que la restitution du prix au créancier qui a poursuivi la vente.

Nous avons dit que le créancier saisissant pouvait prendre part lui-même aux enchères, et devenir acquéreur de l'objet saisi, s'il restait dernier enchérisseur. Mais s'il ne s'était présenté aucun acquéreur, différents textes s'accordent à dire qu'il pouvait se faire attribuer la propriété de la chose en paiement de sa créance.

Les commentateurs sont loin d'être d'accord sur la portée de cette attribution, et sur le genre de propriété qu'elle transférait. Si en effet le créancier peut se porter acquéreur en enchérissant, à plus forte raison doit-il en être de même lorsqu'il ne se présente aucun acheteur et qu'il reste ainsi maître du terrain. Il était donc inutile, dit-on, d'établir cette règle, que l'objet pourra dans ce cas lui être attribué.

Il faut pour que cette distinction ait sa raison d'être, en chercher les causes dans une différence qui doit exister, entre les deux cas quant à leurs effets du moins. Il arrivait ceci, croyons-nous, c'est que, lorsque le créancier était déclaré acquéreur à la suite d'enchères, le débiteur n'était libéré vis-à-vis de lui que pour le prix auquel l'objet lui avait été adjugé, quelque minime que fût ce prix. Il avait été en effet procédé suivant toutes les règles, ce n'était donc pas la faute du créancier, que l'objet n'avait pas atteint sa valeur réelle.

Que si, au contraire, il n'y avait pas eu d'enchères faute d'enchérisseurs, le créancier avait alors le droit de demander que l'objet lui fût adjugé, mais alors en paiement intégral de sa créance. En effet le numéro 3 de la Loi 15 d'Ulpien nous apprend que si cet objet lui est adjugé faute d'acheteurs, il ne pourra rien demander en outre ; il est censé se contenter de cet objet comme équivalent de ce qui lui est dû ; il ne peut plus dire qu'il ne l'a pris que comme garantie d'une partie de sa créance.

Tels sont donc les deux cas d'*addictio* au créancier dont parlent les textes : 1° *addictio* faite au créancier comme enchérisseur pour un prix déterminé, à imputer sur la dette ; 2° *addictio* faute d'enchérisseurs, suivie de l'extinction entière de la dette.

Quant aux distinctions subtiles qui ont été faites sur le genre de propriété que transférait cette *addictio*, qu'elle résulte de l'autorité du prince ou de celle du magistrat, (cela encore a fait difficulté), la question n'a plus d'intérêt à l'époque où se place notre constitution d'Antonin.

Il n'y a plus en effet à distinguer entre la propriété quiritaire et la propriété acquise par les moyens prétoriens, la propriété *bonitaire*, comme on l'a appelée ; la propriété est acquise directement par l'adjudication, de quelqu'autorité qu'elle émane.

SECTION V. — EXÉCUTION DIRECTE SUR L'OBJET MÊME DU DROIT.

Nous venons d'étudier successivement tous les moyens d'exécution employés à Rome dès les temps les plus anciens, et on a pu remarquer que tous avaient pour but et pour résultat final, sans parler de l'exécution sur la personne, la vente d'un ou de plusieurs biens, afin d'arriver à l'extinction d'une dette pécuniaire ; aucune n'a trait à l'exécution sur la chose même qui fait l'objet du droit réclamé.

C'est qu'en effet longtemps on négligea d'atteindre par la condamnation l'objet même de l'obligation dont l'exécution était poursuivie, mais toujours, du moins sous le système formulaire, cette condamnation se résolvait en une somme d'argent. Sous les actions de la loi, elle portait, il est vrai, nous apprend Gaïus, sur l'objet qui était dû, mais le résultat était le même puisque, nous l'avons vu, pendant les quatre premiers siècle de Rome, l'exécution personnelle était seule connue, ou à peu près ; ici encore on n'atteignait pas par l'exécution l'objet même de la demande.

Mais lorsque, sous le système formulaire, apparurent les moyens d'exécution sur les biens régulièrement établis, tels que la *bonorum venditio*, la *pignoris capio*, il fallut mettre la condamnation en harmonie avec ces voies d'exécution, et comme celles-ci avaient toujours pour but la réalisation d'une somme d'argent, la condamnation elle-même dut être pécuniaire, sinon il eût été impossible d'en poursuivre l'exécution par les moyens qu'avait introduits le droit prétorien.

Aussi, alors même que l'on continuait, dans les actions de la loi, à condamner le défendeur à fournir la chose qui faisait l'objet de la demande, on liquidait après coup la condamnation, dans une instance spéciale appelée *arbitrium litis œstimandœ.*

Dans le système formulaire, on faisait donc porter directement la condamnation sur une somme d'argent, quel que fût l'objet de la demande. C'est ici que se place l'introduction d'un moyen employé pour échapper aux inconvénients que pouvait présenter l'application exclusive de ce principe, que toute condamnation doit être pécuniaire ; en effet, le demandeur peut avoir grand intérêt à la restitution ou à l'exhibition en nature de l'objet même qu'il réclame ; on introduit alors la formule arbitraire qui donne au débiteur le choix ou de rendre cette chose ou d'être condamné à une somme d'argent.

Mais ce n'était là encore qu'une amélioration incomplète, puisque la condamnation pécuniaire restait seule exécutoire, tandis qu'aucun moyen n'était donné au demandeur pour se faire mettre en possession de la chose dont le juge avait ordonné la restitution au défendeur ; là s'arrêtait l'*imperium* du magistrat.

Nulle part, en effet, les textes ne nous apprennent d'une façon positive qu'il en fût autrement. C'est toujours de la condamnation pécuniaire que l'exécution est poursuivie; le juge n'a qu'un moyen indirect de contrainte, c'est d'exagérer la somme à laquelle il condamne le défendeur, faute de restitution, pour décider celui-ci à l'opérer.

C'est là, sans doute, une lacune considérable dans le droit romain, et il était peu logique de permettre à un tiers détenteur de la propriété d'autrui, d'échapper à la restitution en payant une somme d'argent; quelqu'exagérée, en effet, que soit celle-ci, le demandeur peut ne pas y trouver satisfaction. Quoiqu'il en soit, il faut y voir un nouveau résultat du respect exagéré des Romains pour la propriété, respect qui faisait qu'alors même qu'une sentence judiciaire était venue déclarer un demandeur propriétaire véritable d'un objet en litige, la loi ne trouvait aucun moyen pour dépouiller contre son gré le détenteur condamné à la restitution.

C'est ainsi qu'il n'y avait également pas d'exécution forcée lorsqu'il s'agissait, non plus seulement de restituer la possession, mais bien de transférer réellement la propriété, en un mot quand il y avait, outre un obstacle de fait, un obstacle de droit à vaincre.

On connaît les fictions employées par le droit prétorien pour arriver à transférer la propriété à des personnes et dans des cas que le vieux droit quiritaire excluait. C'était là encore un résultat du respect pour la propriété; elle était à Rome une chose sacrée, que l'on n'osait atteindre directement, alors même qu'on l'atteignait indirectement par l'introduction de nouveaux moyens d'exécution.

Du reste, on l'a déjà vu, tout le système des moyens d'exécution n'a été introduit que pièce par pièce, et ce n'est que très-lentement que l'on était arrivé à donner réellement satisfaction aux créanciers. Nous avons vu atteindre successivement la personne, puis tous les biens, puis enfin quelques-uns seulement des biens du débiteur; ce n'est qu'après de longs tâtonnements que l'on est arrivé à ce dernier résultat. Il n'est donc pas surprenant qu'on ait été longtemps à Rome avant d'organiser une exécution directe sur les choses mêmes qui font l'objet des sentences rendues, quoique ce soit là le but qu'il importe surtout à l'autorité judiciaire d'atteindre.

Ce n'est donc que sous Justinien que cette règle existait réellement, et encore n'avons-nous que peu de renseignements sur la manière dont était poursuivie cette exécution. A cette époque le droit connaissait quatre moyens de contraindre un débiteur à exécuter ses engagements, les uns étaient nouveaux, les autres dataient du premier état du droit civil et du droit prétorien; c'était la contrainte par corps, qui avait survécu à l'introduction de l'exécution sur les biens, la vente universelle des biens, la saisie d'objets particuliers, et enfin l'exécution directe sur l'objet réclamé.

Ces deux dernières constituent les voies ordinaires d'exécution, l'une s'appliquait aux condamnations pécuniaires, l'autre aux objets réclamés. Quant à la vente des biens et à la contrainte par corps, elles ont un caractère tout autre; elles supposent l'insolvabilité du condamné, et la contrainte par corps est subsidiaire à la vente des biens; c'est seulement dans le cas d'insuffisance du patrimoine du débiteur que le créancier qui a obtenu la condamnation peut l'exercer, encore faut-il que la vente n'ait pas eu lieu après une cession de biens.

Disons enfin que la saisie et l'exécution directes sont également les moyens les plus usités dans notre droit, et quelles ont conservé en y passant, beaucoup des caractères et des règles qu'elles avaient déjà dans le droit romain.

SECTION VII. — DES EFFETS DE L'ADJUDICATION SUR SAISIE.

Nous terminerons cet exposé des moyens d'exécution employés à Rome, en étudiant rapidement les résultats produits vis-à-vis des tiers par la vente d'un immeuble, dans le cas de saisie opérée par ordre du magistrat sur la poursuite d'un créancier, ou de vente opérée par un créancier hypothécaire ou gagiste.

La question présente quelque intérêt historique, car nous verrons ces résultats passer en grande partie dans notre ancien droit d'abord, dans notre droit actuel ensuite.

La procédure de la vente était la même et les résultats identiques, qu'il s'agit d'un immeuble saisi pour assurer l'exécution d'une sentence, ou d'un immeuble vendu par un créancier hypothécaire; celui-ci n'avait en effet, lorsqu'il n'était pas payé, qu'à demander l'autorisation du magistrat de saisir l'immeuble qui lui était affecté, et dont il voulait opérer la vente; il se trouvait dès-lors dans la même situation que le créancier gagiste.

Une fois en possession, le créancier pouvait procéder à la vente, non sans avoir toutefois préalablement averti le débiteur au moyen de trois dénonciations, si la vente n'avait pas été convenue dans l'acte constitutif de gage ou d'hypothèque. La dénonciation n'était pas alors nécessaire, mais dans l'un et l'autre cas la vente ne pouvait avoir lieu qu'au bout de deux ans.

La vente n'opérait d'effet que vis-à-vis du débiteur qui était dépouillé irrévocablement; les droits des tiers subsistaient, et l'acquéreur restait exposé à toutes les réclamations qui pouvaient surgir, actions en résolution, en revendication et autres, fondées sur des droits constitués à leur profit, ou encore sur l'absence de droits dans la personne du débiteur. Ce n'était pas contre le créancier qui avait opéré la vente· si toutefois il était de bonne foi, et que l'éviction ne provînt pas de son fait, qu'avait recours l'acquéreur évincé, mais bien contre le débiteur que la vente avait libéré.

L'acquéreur pouvait encore se faire céder par le créancier ses actions et ses droits, et notamment l'action *pigneratitia contraria*. Il avait en outre l'action utile *ex-empto*, comme s'il eût acheté l'immeuble au débiteur lui-même.

Quant aux hypothèques, elles étaient régies différemment, tant il est vrai que c'est là un principe qui a toujours dominé la matière, tant en droit romain qu'en droit français, à savoir que l'adjudication sur vente forcée purge les hypothèques.

Les créanciers hypothécaires, autres que le poursuivant, n'avait donc plus aucun recours contre l'acquéreur et n'avaient que le droit de se faire payer sur ce qui restait du prix, *superfluum ou hyperocha* une fois que le créancier poursuivant avait été désintéressé, et cela au moyen d'une action *pignoratitia* directe. Disons aussi qu'ils avaient le droit, avant la vente, de se substituer au premier créancier en lui payant totalement ce qui lui était dû, c'était là le *jus offerendæ pecuniæ*.

Tout d'abord les femmes et les enfants n'eurent sur les biens de leurs maris et tuteurs qu'un privilége qui n'était opposable qu'aux créanciers chirographaires. Mais Constantin d'abord, et Justinien ensuite, accordèrent un droit de gage, le premier aux mineurs sur les biens de leurs tuteurs ou curateurs, le second aux femmes, sur ceux de leurs maris pour la dot d'abord, puis enfin pour les créances paraphernales. Justinien réunit ces deux caractères de privilége et d'hypothèque, par la loi dite *Assiduis* L. 12 *(qui potior in pign.)*, et décida que la femme aurait sur les biens de son mari une hypothèque privilégiée primant toutes les autres, même celles qui étaient antérieures au mariage.

Voyons maintenant ce qui avait trait au droit

de résolution du vendeur. A Rome, la tradition de la chose vendue, transférait seule la propriété, la vente en elle-même ne faisait qu'obliger le vendeur à la livrer. Encore la tradition ne transférait-elle réellement la propriété que lorsque le prix convenu était payé ou que le vendeur avait manifesté l'intention de s'en rapporter à la foi de l'acquéreur; sinon la propriété restait sur la tête du vendeur, qui pouvait l'invoquer, en cas de non-paiement du prix, par une action en revendication.

Ce n'était donc que quand le vendeur avait livré la chose avec intention de transférer la propriété immédiatement, qu'il y avait lieu à l'action en résolution, par laquelle il demandait l'annulation de la vente.

Ce droit commun pouvait être modifié par les parties au moyen de la *lex commissaria*, ou pacte par lequel elles convenaient d'elles-mêmes qu'à partir d'un certain temps, la vente serait détruite, si le prix n'était pas payé.

Dans ce cas, si la tradition n'avait pas transféré la propriété, le vendeur pouvait reprendre l'objet, et le conserver malgré les offres subséquentes de l'acheteur, ou simplement résoudre l'aliénation. Si la tradition avait transféré la propriété, il devait à la fois révoquer l'aliénation et la vente.

Malgré le pacte commissoire, la vente n'en était pas moins pure et simple, elle était seulement soumise à une résolution conditionnelle; les droits acquis aux tiers entre la vente et la résolution subsistait, du moins avant Justinien; il était alors de principe que l'on ne pouvait aliéner la propriété pour un certain temps.

La résolution était une action personnelle et non réelle, car l'acheteur ayant toujours le droit de payer et de conserver la chose, ce n'était véritablement qu'un moyen de le forcer à accomplir son obligation, et non une revendication réelle. Ulpien le premier, soutint le contraire, prétendant que la résolution de la vente devait avoir lieu de plein droit, et les droits acquis être annulés.

Cette théorie prévalut sous Justinien, le principe était changé, on pouvait dès lors transférer la propriété pour un certain temps, il s'ensuivait que l'acquéreur avait pu constituer valablement des droits sur la chose acquise.

Tels étaient à Rome les principaux effets de l'adjudication sur saisie; ils sont d'autant plus utiles à connaître, que nous allons retrouver dans l'étude de la saisie immobilière en droit français, un grand nombre de principes qui régissaient la matière en droit romain, soit quant aux hypothèques légales ou conventionnelles, soit quant au droit de résolution du vendeur non payé.

DEUXIÈME PARTIE.

DROIT FRANÇAIS.

DE LA SAISIE IMMOBILIÈRE.

INTRODUCTION HISTORIQUE.

SECTION I. — ANCIEN DROIT.

Avant d'aborder l'étude de la saisie immobilière, telle qu'elle existe actuellement dans notre droit, avec ses règles nombreuses et compliquées et ses résultats importants, il est bon de voir rapidement ce qu'il était advenu d'elle pendant la longue période de l'ancien droit, durant laquelle la France obéissait, ici au droit romain, là à des coutumes variées et multiples manquant ainsi de cette uniformité juridique qu'elle possède aujourd'hui, et qui a pu seule engendrer une législation efficace et durable.

Les longs et pénibles tâtonnements que nous avons vu se produire dans le droit romain, avant d'arriver à donner au créancier des garanties et une satisfaction suffisantes, sans déployer contre le débiteur des rigueurs inutiles, nous les retrouvons dans le premier état de notre droit pour tout ce qui regarde la saisie en général, et en particulier la saisie réelle. Encore dans le droit romain si les règles étaient imparfaites, au moins étaient-elles les-mêmes pour tous les sujets de la République d'abord, de l'empire ensuite, tandis que dans le royaume de France la diversité venait s'ajouter à l'imperfection ; il y avait presque autant de coutumes juridiques, et spécialement de règles sur le sujet qui nous occupe, qu'il y avait de provinces. Toutes cependant se rapprochaient sur un point ; elles étaient également compliquées, et cette complication, ajoutée à la confusion qui résultait nécessairement de l'absence d'uniformité, était un écueil également dangereux pour les créanciers et pour les débiteurs.

Sans parler des Etablissements de St-Louis, et de l'ordonnance de Villers-Cotterets, rendu par François 1er en 1539, qui essayèrent de fixer quelques règles stables de procédure, règles obligatoires dans tout le royaume pour quiconque voulait procéder à l'expropriation forcée d'un immeuble, le premier effort sérieux fait dans ce sens, celui qui fut réellement suivi de quelque effet fut l'édit des criées publié en 1551 par Henri II, qui vint de nouveau essayer de simplifier les règles de la vente forcée des immeubles, et d'obvier, comme l'annonce son préambule à la ruine des débiteurs et des créanciers.

Mais cet édit, destiné à établir l'uniformité de la législation dans toute la France, en tout ce qui touche les saisies réelles, ne fut exécutée que dans une partie des provinces, et resta lettre morte pour la plus grande partie d'entre-elles. La division se perpétua ; nous avons maintenant des provinces qui suivent l'édit de 1551 et d'autres qui ne le suivent pas.

Les règles établies par lui et suivies principalement dans la juridiction du châtelet de Paris, sont d'autant plus intéressantes à connaître, que les rédacteurs du code de procédure, et, avant eux, les législateurs du droit intermédiaire, s'en sont inspirés. Voyons-les rapidement.

Nul ne pouvait faire saisir un immeuble de son débiteur, s'il n'était pourvu d'un titre exécutoire en vertu d'une obligation contractée par ce dernier, ou d'un jugement rendu contre lui. Si le jugement n'avait prononcé qu'une condamnation provisoire, la saisie pouvait néanmoins être opérée, mais ce n'était alors qu'une sûreté offerte au créancier; il devait être sursis à la vente jusqu'à ce que la condamnation devint définitive.

Tous les immeubles pouvaient être saisis, à l'exception seulement de ceux que des lois spéciales déclaraient affranchis de l'expropriation telles étaient les maisons de Versailles, que des lettres patentes de

Louis XIV du 24 novembre 1671, avait déclarés insaisissables.

Une autre restriction était apportée à la saisie : elle ne pouvait avoir lieu pour une somme modique ; c'était là une règle introduite par l'usage : d'Héricourt fixe à 100 l. la somme au-dessous de laquelle on ne pouvait saisir un immeuble pour le paiement d'une créance.

Quant au tribunal qui connaissait de la saisie, une distinction était faite suivant qu'elle était opérée en vertu d'un titre ou d'un jugement. Dans le premier cas, le tribunal compétent était celui dans le ressort duquel étaient situés les biens ; dans le second, si le jugement émanait d'un tribunal dont le scel fut attributif de juridiction, c'était ce tribunal qui devait connaître de la saisie ; sinon c'était encore celui de la situation des immeubles.

La saisie était opérée après un commandement de payer fait au débiteur, par un huissier qui se transportait sur les lieux, assisté de deux témoins, et procédait à la rédaction d'un procès-verbal de saisie. L'édit de 1551 n'indique pas le délai qui devait s'écouler entre le commandement et le procès-verbal de saisie.

L'huissier qui avait procédé à la saisie confiait l'administration des biens saisis à un commissaire nommé à cet effet, faisait enregistrer le procès-verbal au bureau du commissaire aux saisies réelles, et on la dénonçait alors seulement au saisi, contrairement à ce qui existe dans notre droit actuel, où la dénonciation au saisi, doit précéder la transcription du procès-verbal et être transcrite avec lui.

Des affiches et publications à la criée annonçaient la vente, qui ne pouvait se faire toutefois avant une assignation donnée au débiteur de venir s'entendre dire que son immeuble allait être vendu ; celle-ci ne pouvait avoir lieu que quarante jours après le jugement rendu en cette occassion, et appelé sentence du congé d'adjuger.

Cette sentence rendue, de nouvelles affiches et de nouvelles criées annonçaient le jour définitif de la vente, qui se faisait après la quinzaine de publication.

Ces règles, on le voit, présentaient un ensemble de garanties suffisantes pour le créancier et pour le débiteur, et celui-ci n'était plus exposé à être dépouillé de ses biens, comme sous les établissements de St-Louis, quarante jours après avoir été sommé de payer.

Ce délai était plus court encore dans certaines provinces qui ne suivaient pas l'édit ; les coutumes de Béarn et de Navarre nous apprennent qu'un mois suffisait dans ce pays pour une procédure en expropriation ; il était fait quatre criées à de courts intervalles, et neuf jours après il était procédé à l'adjudication aux enchères, sur une mise à prix déposée par le poursuivant.

Dans certaines provinces, la procédure était plus simple encore ; on faisait trois publications et criées, et il était procédé à la vente des immeubles du débiteur au banc de la cour de justice où ils étaient situés ; cette vente était connue sous le nom de subhastation.

Mais ces ventes accomplies si rapidement étaient en revanche résolubles, et le débiteur avait le droit, lontemps encore après l'adjudication, de rentrer en possession de ses immeubles, en remboursant aux adjudicataires ce qu'avait coûté l'adjudication, en principal et frais.

Le délai, pendant lequel cette faculté accordée au débiteur, et appelée rabattement de décret, pourrait être exercé, variait suivant les coutumes. Il était de quatre mois d'après un arrêté du Parlement de Grenoble de 1547, de six mois d'après les statuts de la Bresse, d'un an dans le Béarn et la Navarre, et enfin de dix ans dans le Languedoc, d'après une décision du 16 juin 1736. Celle-ci nous apprend que le rabattement devrait être opéré au moyen d'offres réelles faites à l'adjudicataire, ou de la consignation des fonds de rachat, s'il refusait de les accepter.

On le voit, d'après ce qui précède, il y'avait encore beaucoup à faire pour arriver à cette uniformité que nous allons voir opérer comme par enchantement par le droit intermédiaire, qui vint abolir tous les rachats et rabattements, et établir l'unité des règles pour toute la France.

Quant aux effets de l'adjudication sur vente forcée dans l'ancien droit, ils étaient à peu près partout les mêmes. Partout le décret nettoyait l'immeuble, suivant l'expression pittoresque de Loysel, en le purgeant de tous les droits réels, droits de propriétés et autres qui pouvaient appartenir sur lui à des tiers. « L'héritage adjugé par décret, nous dit Pothier, est transféré à l'adjudicataire avec les seules charges exprimées par l'affiche ; le décret purge toutes les autres et éteint tous les droits de propriété et autres droits réels que des tiers auraient pu avoir en héritage. »

Il n'y avait d'exception que pour certains droits, tels les droits censuels et féodaux, les servitudes continues et patentes, et les droits non acquis lors de l'adjudication ; les premiers étant des charges ordinaires du fonds, et les secondes étant faciles à voir, l'adjudicataire ne pouvait s'en prendre qu'à lui s'il les ignorait. Quant aux biens non encore acquis on ne pouvait punir les ayants droits de ne pas les avoir exercés avant qu'ils fussent nés.

Les propriétaires de droits réels devaient donc les faire valoir avant l'adjudication, sous peine d'en être déchus ; à cette effet, ils devaient former une opposition de distraire, lorsqu'ils réclamaient la propriété, et une opposition à fin de charge, lors qu'ils invoquaient seulement un droit d'usufruit, de servitude, etc., en un mot un droit réel quelconque.

Ce n'était qu'exceptionnellement que l'adjudicataire pouvait être évincé, et dans ce cas il avait recours, pour la restitution du prix, non plus, comme nous l'avons vu en droit romain, contre le débiteur libéré par la vente, mais contre les créanciers qui étaient intervenus à l'ordre, en commençant par ceux qui avaient reçu les derniers leur part du prix.

Les hypothèques étaient purgées par l'adjudication

comme tous les autres droits réels. Les créanciers hypothécaires ou privilégiés devaient s'en prévaloir avant la vente, au moyen d'une opposition afin de conserver qui leur donnait, nous dit Pothier, le droit d'être colloqués dans l'ordre, suivant leur rang.

Cette opposition afin de conserver pouvait être formée vingt-quatre heures encore après l'adjudication ; ce délai expiré, les créanciers n'avaient plus que la voie de la saisie-arrêt pour obtenir leur part des deniers de la vente, si toutefois il en restait.

De même que pour les autres droits réels, il était certaines provinces où l'adjudication ne purgeait les hypothèques que longtemps après la mise en possession de l'adjudicataire ; il faut se reporter à ce que nous avons dit plus haut des délais pendant lesquels les créanciers hypothécaires ou privilégiés pouvaient exproprier l'adjudicataire.

Nous avons vu en droit romain les hypothèques de la femme et des mineurs prendre seulement sous Justinien le double caractère qu'elles ont aujourd'hui d'hypothèques et de priviléges. Nous retrouvons ce caractère dans l'ancien droit : « Les mineurs et les femmes, nous dit Loysel, ont hypothèque taisible et privilégiée sur les biens de leurs tuteurs et maris du jour de la tutelle et du contrat de mariage. »

Mais cette règle est d'un côté insuffisante et d'un autre côté trop absolue, et Pothier nous apprend à son tour que l'hypothèque de la femme ne prenait naissance que du jour de la célébration du mariage, s'il n'y avait pas de contrat, et qu'en outre le privilége que nous avons vu accorder aux femmes sous Justinien par la loi *Assiduis*, et par laquelle l'hypothèque de la femme primait même les hypothèques antérieures, n'est guère observée que dans le ressort de quelque parlement.

Quoiqu'il en soit, les hypothèques légales avaient le même sort que les autres et étaient purgées par l'adjudication. De Héricourt voit avec raison la cause de cette jurisprudence rigoureuse dans l'intérêt qu'il y a pour tous, que ceux qui ont acquis des biens sous la foi de la justice ne puissent être inquiétés, sous quelque prétexte que ce soit, et que ceux qui ont touché, en conséquence d'un jugement, ce qui leur était dû, soient obligés de rapporter ce qu'ils ont reçu plusieurs années après. La loi, ajoute-t-il, qui déclare que toute hypothèque est purgée par le décret étant conçue en terme sgénéraux et sans aucune exception, doit avoir lieu contre l'Église et contre les mineurs. C'est un malheur pour eux quand ceux qui sont chargés de défendre leurs intérêts se trouvent insolvables.

Le droit écrit et le droit coutumier différaient en ce qui regarde le droit du vendeur non payé ; le premier suivant en cela le droit romain qui lui avait donné naissance, exigeait que le pacte commissoire fût expressément stipulé, et encore dans ce cas le vendeur devait-il agir dans le plus bref délai, laissé à l'appréciation du juge ; en cas de résolution de la vente, la doctrine d'Ulpien triomphait, et les droits acquis par les tiers dans l'intervalle étaient anéantis. Mais en revanche une nouvelle clause intervint et devint d'usage, accordant au vendeur non payé un privilége analogue à celui qu'il a dans notre législation. Cette clause, appelée réserve du domaine jusqu'au paiement, n'empêchait pas la translation de la propriété, mais donnait au vendeur le droit d'être préféré sur le prix, même aux créanciers hypothécaires antérieurs.

Enfin l'adjudication purgeait l'immeuble de l'action résolutoire du vendeur non payé; voyons ce qu'était alors celle-ci.

Le droit coutumier, de même que notre droit actuel, accordait de plein droit l'action en résolution au vendeur, alors même qu'il n'y avait pas de clause de résolution faute de payer. Toutefois celle-ci n'avait pas lieu de plein droit, il fallait la demander au juge, et l'acheteur pouvait toujours l'éviter en payant le prix. Quelques jurisconsultes anciens allaient plus loin, et prétendaient que le juge avait toujours le droit d'accorder au débiteur un délai pour le paiement, alors même que le pacte commissoire avait été stipulé. Pothier faisait une distinction qui a prévalu dans notre droit, et ne reconnaissait au juge le droit d'accorder un délai que lorsque la résolution était sous-entendue, et non pas quand le pacte commissoire était exprès.

Enfin le droit coutumier reconnaissait le privilége du vendeur non payé établi par le droit romain sur le prix de la chose. Ce privilége était établi formellement par la coutume de Paris sur les meubles, et ce fut par extension de ce qui avait lieu dans ce cas, ainsi que du droit de Justinien qui accordait au banquier une hypothèque tacite sur la chose vendue, qu'il fut accordé au vendeur de l'immeuble.

Où le droit coutumier était conforme au droit romain, c'est lorsqu'il décidait que l'action résolutoire pouvait être intentée contre les tiers détenteurs; les jurisconsultes en donnaient pour raison théorique que l'action en résolution était à la fois personnelle et réelle; personnelle, en ce qu'elle a pour but la dissolution d'une action réciproque contractée par l'acheteur et par le vendeur; réelle, en ce qu'elle conclut à l'abandon de l'immeuble par l'acheteur; c'est cette réalité qui le poursuit jusque dans les mains d'un tiers détenteur.

Une autre analogie existait entre le droit coutumier et le droit romain, en ce que le vendeur ne pouvait exercer que l'une des deux actions qui lui étaient offertes, le paiement du prix ou la résolution de la vente; le choix de l'une entraînait la renonciation à l'autre. Pothier nous l'apprend en ces termes : « Même dans notre jurisprudence, qui requiert une sentence pour opérer, au moins d'une manière irrévocable, la résolution du contrat en vertu du pacte commissoire, je pense qu'on doit pareillement décider que le vendeur, qui a une fois conclu à la résolution du contrat en vertu du pacte commissoire, n'est plus recevable à changer ses conclusions et à demander le paiement du prix, même dans le cas auquel l'acheteur n'aurait encore signifié aucun consentement aux conclusions du vendeur. *Vice versâ*, lorsque depuis

l'expiration du temps porté par le pacte commissoire
le vendeur a poursuivi l'acheteur pour le paiement du
prix, il est censé avoir renoncé au droit que lui donne
le pacte, et il ne peut plus, en abandonnant ses poursuites, conclure à la résolution du contrat. »

SECTION II. — DROIT INTERMÉDIAIRE.

On a vu par ce qui précède, que si la législation
sur la saisie immobilière était loin d'être uniforme
lors de la Révolution française qui devait opérer un
changement presqu'aussi notable dans notre droit que
dans le système politique, l'ancien droit était néanmoins
arrivé peu à peu à sortir du chaos où il était resté
longtemps plongé, et à édicter, sur la matière qui
nous occupe, un ensemble de règles à peu près
complet, soit qu'elles lui fussent propres, soit qu'elles
fussent empruntées au droit romain.

Quoi qu'il en soit, c'est à la Révolution française
que devait appartenir la gloire, d'organiser pour l'expropriation forcée, une procédure uniforme, et de faire
disparaître la confusion qui avait régné jusqu'alors.

Le droit intermédiaire nous présente deux lois complètement opposées l'une à l'autre, sinon quant aux
règles de procédure de la saisie, du moins quant aux
effets de l'adjudication, l'une du 9 messidor an III, qui,
hâtons-nous de le dire, ne fut jamais mis en vigueur,
l'autre du 11 Brumaire an VII.

Pour ce qui est de la procédure, la loi du 9 messidor an III vint simplifier les règles trop compliquées
et trop coûteuses de l'édit de 1551, qu'un arrêt de ré-

glement de 1558 était déjà venu modifier, lorsque l'immeuble saisi était de peu de valeur ; il était dans ce cas vendu après trois publications seulement, et cette procédure dût être employée, par la suite, toutes les fois que la valeur de l'immeuble ne s'élevait pas au-dessus de quatre mille francs.

Nous avons vu exiger par l'édit un commandement, un procès-verbal soumis à des formalités nombreuses et devant être affiché en de nombreux endroits, des publications à la criée, un jugement ordonnant la vente forcée, et enfin, encore après le jugement, de nouvelles affiches annonçant le jour de l'adjudication.

La loi de messidor exigeait seulement un commandement, vingt jours après lequel il pourrait être procédé à la saisie par l'opposition, dans les principaux lieux publics, de placards contenant la désignation de l'immeuble, faisant connaître sa valeur présumée, et indiquant le jour et les conditions de l'adjudication. L'accomplissement de cette formalité était notifié aux parties intéressées, et un mois après, l'adjudication pouvait avoir lieu. Un mois et vingt jours suffisaient donc pour arriver au terme de la procédure.

Quant aux effets de l'adjudication, la loi de messidor an III confirmait les principes de l'ancien droit, et purgeait l'immeuble exproprié de tous les droits réels, hypothèques légales et autres, privilèges, etc., n'accordant aux créanciers qui n'avaient pas fait à temps les oppositions afférentes à leurs droits, que la ressource que de se faire colloquer sur le prix.

La loi du 11 Brumaire an VII, qui devait servir de base à tout notre système hypothécaire actuel, tout en augmentant de dix jours le délai entre le commau.dement et la saisie, simplifiait encore la procédure en supprimant plusieurs formalités, et notamment la notification du procès-verbal d'apposition d'affiches aux fermiers et locataires de l'immeuble saisi.

Mais elle ne purgeait pas l'immeuble exproprié des priviléges et des hypothèques légales; elle soumettait seulement ceux-ci à l'inscription, de même que les hypothèques conventionnelles, subordonnant leurs effets à cette formalité. Le droit de résolution du vendeur survivait à l'adjudication. Quant à ce qui regarde les droits réels, elle s'écartait complètement de la loi de messidor et de l'ancienne jurisprudence, pour suivre le système du droit romain, si nuisible au crédit public. D'après elle l'adjudication définitive ne transmettait à l'adjudicataire d'autres droits à la propriété que ceux qu'avaient le saisi. Toutefois, elle apportait un tempéramment à cette règle absolue, en soumettant les droits des tiers à la prescription de dix ans, à partir de la transcription du jugement d'adjudication au bureau des hypothèques.

C'était là une inconséquence qui condamnait le principe que notre loi venait de poser; il eût été plus logique de suivre en ce point l'ancien droit et la loi de messidor et de déclarer la propriété libre par l'adjudication sur saisie.

CHAPITRE PREMIER.

—

Les législateurs de l'an III et de l'an VII étaient allés trop loin dans leur désir de simplifier la saisie immobilière, et les lois de messidor et de brumaire devinrent l'objet des plus vives critiques ; on leur reprocha de laisser la propriété immobilière à la merci d'un coup de main et d'en dépouiller le débiteur aussi facilement que d'un meuble. Les rédacteurs du Code de procédure, frappés des inconvénients de cette législation, tombèrent dans un excès contraire et édictèrent une procédure lente, compliquée, dispendieuse, dont on demanda bien vite la réforme. Dès 1813, l'exposé de la situation de l'Empire reconnait la nécessité d'un remaniement de la loi sur les saisies immobilières, mais les événements politiques qui suivirent empêchèrent cette réforme, et malgré des réclamations incessantes le code de 1806 resta en vigueur jusqu'à la loi du 2 juin 1841. Nous verrons en étudiant cette loi et en constatant les améliorations qu'elle est venue apporter au Code de procédure civile, quelles étaient ces règles compliquées qui excitaient tant de réclamations ; nous verrons également quels étaient les effets de l'adjudication ; disons seulement tout de suite que le Code de procédure avait reproduit le principe de la loi de Brumaire au VII, en vertu duquel l'adjudication définitive ne transmettait à l'adjudicataire d'autres droits à la propriété que ceux qu'avait le saisi (Art. 731) tout le travail du droit coutumier était considéré comme non avenu. Désormais l'expropriation forcée ne purgeait plus aucun droit réel, si ce n'est les hypothèques inscrites. Nous étudierons également les modifications que sont venues apporter sur ce point les lois de 1841 et de 1858, la première relativement aux droit du vendeur non payé, la seconde relativement aux hypothèques légales de la femme et du mineur.

SECTION II. — PRINCIPES GÉNÉRAUX.

Il est bon, avant d'étudier en détail les règles de la saisie immobilière, d'indiquer rapidement les principes généraux du Code civil, en vertu desquels elle est opérée, par qui et sur quels immeubles elle peut être exercée.

L'article 2093 du Code civil nous apprend que tous les créanciers, quels qu'ils soient, ont pour gage commun les biens de leurs débiteurs : soit que, créanciers hypothécaires, ils aient spécialement tel ou tel de ces biens affecté à la garantie de leurs créances ; soit que, créanciers chirographaires, ils les aient tous indistinctement.

Nous n'avons à nous occuper ici que des immeubles, et des moyens donnés aux créanciers par le législateur pour arriver à se faire payer sur eux du montant de leurs créances. Nous trouvons dans l'art. 2201 la désignation des immeubles saisissables ; ce sont en général tous les immeubles, soit par nature, soit par destination, et enfin l'usufruit pouvant appartenir aux débiteurs sur ces mêmes immeubles.

Il faut en excepter toutefois certains immeubles que des dispositions spéciales de la loi déclarent insaisissables, tels, par exemple, que les biens qui ne sont pas dans le commerce, majorats, biens du domaine, etc.; il en est de même pour certains droits qui, quoiqu'ayant un caractère immobilier, sont des droits personnels, et comme tels, ne peuvent être exercés que par la personne sur qui ils reposent : tels sont les droits d'usage, d'habitation, etc.

Il faut aux créanciers, pour avoir le droit de saisir les immeubles de leurs débiteurs, un titre exécutoire et authentique ; ce dernier résulte, on le sait, d'un jugement ou d'un acte fait par un officier public compétent. Il faut de plus que la dette dont le paiement est poursuivi, soit exigible, certaine et liquide. Elle doit être exigible avant toute poursuite, il ne suffirait pas qu'elle le devînt pendant l'instance en expropriation. Une dette est certaine, quand elle est établie par un titre ou par un jugement, et qu'elle ne se trouve pas suspendue par une condition.

Une dette est liquide, lorsque sa quotité est nettement déterminée en argent ou autrement; or si la dette est d'espèces non liquidées, il est sursis à toute poursuite jusqu'à ce qu'elles le soient, mais cependant une saisie commencée dans ces conditions demeure valable ; seule, l'adjudication est retardée jusqu'après la liquidation.

Disons encore qu'une expropriation n'est pas nulle par cela seul qu'elle a eu lieu pour une somme plus forte que le montant de la créance ; il y a seulement lieu alors à réduction, contrairement à ce qui arrivait en droit romain dans le cas de plus *petitio* : on sait quela le demandeur était déchu de ses droits s'il avait réclamé plus que ce qui lui était dû.

Lorsque le créancier est incapable par lui-même, tels sont le mineur et l'interdit, la saisie doit être opérée par la personne que la loi a chargée de les représenter. Citons encore, comme relativement incapable, l'héritier bénéficiaire : cette incapacité résultant de sa qualité, lui interdit d'exproprier les immeubles de la succession qu'il a acceptée sous bénéfice d'inventaire, en vertu de titres de créance qu'il aurait sur cette succession. Mais en revanche les créanciers du *de cujus* peuvent poursuivre contre lui l'expropriation des immeubles de la succession, sans pouvoir toutefois poursuivre celle de ses biens personnels.

Du'n autre côté tout titre exécutoire contre le défunt l'est également contre ses héritiers ; les créanciers ne peuvent néanmoins, nous dit l'article 877 du Code civil, en poursuivre l'exécution que huit jours après la signification de ces titres à ces derniers, signification qui doit être faite à leur personne ou à leur domicile.

Quoique l'article 2205 dise formellement que la part indivise d'un cohéritier dans les immeubles d'une succession ne peut être mise en vente par ses créanciers personnels avant le partage ou la licitation, qu'ils peuvent provoquer, ou dans lesquels ils ont le droit d'intervenir, il a néanmoins été jugé par différents arrêts de Cours d'appel que la saisie opérée dans ces conditions, c'est-à-dire avant le partage ou la licitation n'était pas forcément nulle, mais qu'en tout cas il fallait surseoir aux poursuites jusqu'à ce qu'ils soient effectués.

Ce qui a été dit plus haut pour les créanciers d'une succession acceptée sous bénéfice d'inventaire, est applicable aux créanciers de toute succession; ils peuvent poursuivre l'expropriation des immeubles de ladite succession avant tout partage, car ceux-ci sont et restent leur gage, quel que soit l'héritier auquel ils doivent échoir. Le partage et la licitation préalables ne peuvent être requis, et par là même arrêter la saisie, que par un co-propriétaire qui, n'étant pas héritier, ne serait pas lui-même le débiteur des créanciers de la succession.

On doit conclure par analogie qu'en tout cas d'indivision entre co-propriétaires qui ne sont pas tous débiteurs, il doit être sursis à la saisie jusqu'à la licitation ou le partage.

Plusieurs mesures ont été introduites dans l'intérêt du débiteur, afin de restreindre le droit de saisie du créancier, et proportionner autant que possible ce droit à l'importance de sa créance; il eût été en effet inutile et dangereux de permettre à un créancier pour une dette minime, de saisir plusieurs immeubles importants. C'est ainsi que l'on ne peut poursuivre à la fois l'expropriation d'immeubles situés dans divers arrondissements, à moins toutefois qu'ils ne fassent partie d'une seule et même exploitation. Dans ce cas, le débiteur peut requérir la vente simultanée de ses immeubles ; son intérêt est, en effet, évident, la valeur des immeubles qui ne seraient pas saisis et vendus pouvant décroître par suite de la vente de biens appartenant à la même exploitation.

C'est encore l'intérêt du débiteur qui a guidé le législateur, en lui faisant décider que, si celui-ci justifie par baux authentiques que le revenu net et libre de ses immeubles pendant une année suffit pour le paiement de la dette en capital, intérêts et frais, et s'il en offre la délégation à ses créanciers, la poursuite en expropriation peut être suspendue par les juges, sauf toutefois à être reprise s'il survient quelque opposition ou obstacle au paiement.

Enfin la loi a entouré de précautions l'expropriation des immeubles appartenant aux mineurs ; elle décide qu'ils ne pourront être expropriés qu'après discussion de leur mobilier. L'article 2206 n'interdit que la mise en vente de ces immeubles, faut-il en conclure que la saisie en est valable ? La négative doit être adoptée sans hésitation, car l'esprit de la loi est évidemment qu'aucune mesure, quelle qu'elle soit, ne peut être prise contre les immeubles d'un mineur, si son mobilier est suffisant pour couvrir sa dette, or, c'est la discussion préalable seule qui peut l'apprendre.

Quand à la femme mariée, aucune mesure spéciale n'est prise pour la protéger contre la saisie ; elle est seulement représentée par son mari contre qui seul est poursuivie l'expropriation des immeubles appartenant à la communauté, encore que la femme soit obligée elle-même à la dette. Si les immeubles ne sont point dans la communauté et appartiennent en propre à la femme, elle doit être assistée néanmoins de son mari dans la poursuite en expropriation de ces immeubles, et, à son défaut, autorisée en justice.

Ces principes généraux posés, nous allons étudier les règles de l'expropriation forcée, et les moyens d'arriver par elle à la vente des immeubles saisis.

CHAPITRE DEUXIÈME

RÈGLES DE LA SAISIE

(Lois du 2 juin 1841 et du 21 mai 1858.)

Les règles de la saisie, ou du moins une grande partie d'entre elles, nous l'avons vu plus haut, ont été établies, telles qu'elles existent aujourd'hui, par la loi du 2 juin 1841, qui est venue modifier les règles édictées par le code de procédure de 1806, règles trop longues et trop coûteuses.

Les principales formalités imposées par la loi pour arriver à effectuer la saisie d'un immeuble sont :

1° Un commandement au débiteur ;
2° Un procès-verbal de saisie ;
3° Un cahier des charges ;
4° Une audience de publication ;
5° Enfin des insertions et affiches.

Nous allons étudier successivement chacune de ces formalités en indiquant ce en quoi elles consistent, et les difficultés auxquelles elles peuvent donner lieu.

COMMANDEMENT. — Le premier acte de toute procédure en expropriation, est un commandement que le créancier doit faire à son débiteur, et par lequel il somme celui-ci de remplir ses engagements, l'avertissant que, faute par lui de donner satisfaction, ses biens immeubles seront saisis et vendus.

Nous verrons qu'alors même que la saisie est dirigée contre un tiers détenteur, il n'en faut pas moins un commandement adressé au débiteur originaire, préalablement à toute poursuite.

Si le débiteur est un incapable, le commandement doit être signifié à son représentant.

Il faut aussi dire que toute poursuite en expropriation dirigée contre un héritier par les créanciers d'une succession, en vertu d'un titre exécutoire contre le *de cujus*, doit être, sous peine de nullité, précédée de la signification exigée par l'article 877 du Code civil, dont il a été déjà parlé plus haut.

Ce commandement qui n'est pas, à proprement parler, un acte d'exécution, et précède la saisie sans en faire réellement partie, doit être fait par huissier et, comme tous les exploits émanant de ces officiers ministériels, contenir la désignation du requérant, du requis, la signature de l'huissier, la date, etc.

Tout ce que doit contenir le commandement est prescrit à peine de nullité ; néanmoins on décide généralement qu'une irrégularité qui n'aurait et ne pourrait avoir aucune influence, ni entraîner aucune méprise, telle, par exemple, qu'une erreur de prénom et même de nom, n'entraînerait pas la nullité de l'acte.

Bien que le commandement ne soit qu'une formalité pour arriver à l'exécution de la saisie, on peut, même avant cette exécution, en demander la nullité par voie d'opposition ; soit, par exemple, pour inexistence de la dette par suite d'extinction ou autrement, ou encore pour vice de forme.

Le commandement doit être signifié à la personne du débiteur ou à son domicile.

Une difficulté s'est élevée sur la question de savoir s'il fallait entendre par domicile, non-seulement le domicile réel, mais encore le domicile élu en vertu de l'article 111 du Code civil.

Celui-ci nous apprend, en effet, que, lorsqu'un acte contiendra de la part des parties, ou de l'une d'elles, élection de domicile pour l'exécution de ce même acte dans un autre lieu que celui du domicile réel, les significations, demandes et poursuites, relatives à cet acte, pourront être faites au domicile convenu et devant le juge de ce domicile.

Si donc on suppose que le débiteur a élu un domicile autre que son domicile réel dans l'acte constitutif de la créance, on tombe sous l'application de l'article 111, et le commandement devra être signifié à ce domicile élu ; nulle part, en effet, nous ne voyons de règle qui indique une dérogation au principe de cet article, et exige que la signification soit faite au domicile réel.

Lors de l'élaboration du projet de la loi de 1841, la commission de la chambre des pairs avait proposé de décider, comme en matière de contrainte par corps, que le commandement ne pourrait être valablement signifié qu'au domicile réel du débiteur. « Autrement, disait-elle, l'élection de domicile deviendra de style dans toutes les obligations, et le débiteur sera exposé à être exproprié sans même avoir été prévenu des poursuites. »

Cette proposition, vivement appuyée par les uns et vivement combattue par les autres, fut rejetée après une discussion approfondie. On reconnut qu'à la suite d'une procédure qui devait durer plusieurs mois, il était impossible que le débiteur fût exproprié sans avoir eu connaissance des poursuites ; que dans le système de la commission, la difficulté de déterminer le domicile réel deviendrait une source intarissable de procès ; qu'elle effraierait les capitalistes, et qu'on irait ainsi contre le but de la loi qui est de faciliter autant que possible le prêt hypothécaire ; enfin, que l'élection de domicile fait partie d'une convention librement consentie, et qu'on ne peut dès lors substituer la volonté de la loi à celle des parties.

Lorsque la loi fut discutée, on proposa de décider en termes exprès que la signification du commandement pourrait être faite au domicile élu ; mais cela parut inutile, et l'on pensa avec raison qu'il suffisait de s'en tenir au droit commun.

Si le débiteur n'a ni domicile ni résidence connus, le commandement devra être fait au parquet du Procureur de la République près le tribunal du dernier domicile, avec affiche à la porte de ce tribunal. Outre les désignations communes à tous les exploits, telles que la date, etc., que doit contenir le commandement, il doit, en outre :

1° Donner copie entière du titre en vertu duquel la saisie doit être opérée, afin de rappeler au débiteur les droits invoqués par le créancier.

2° Contenir élection de domicile dans le lieu où

siége le tribunal qui devra connaitre de la saisie, et qui, comme pour toutes les actions réelles, sera le tribunal dans le ressort duquel sont situés les immeubles à exproprier; s'il s'agit d'actions immobilisées, le tribunal saisi de la demande en expropriation devra être celui du domicile du défendeur.

3° Enoncer que, faute de paiement, il sera procédé à la saisie des immeubles du débiteur, afin de rappeler à celui-ci ce à quoi il s'expose en ne satisfaisant pas à la demande de son créancier.

4° Enfin, être visé par le maire du lieu où il est signifié ; ce visa est exigé à cause de l'importance du commandement, pour donner plus de certitude aux assertions de l'huissier qui fait la signification, fixant le jour où celle-ci a été faite, et à partir duquel commence le délai de trente jours, que nous allons voir exister entre le commandement et la saisie proprement dite.

Le titre dont il doit être donné copie dans ce commandement résulte, on l'a déjà vu, d'un acte authentique et exécutoire, qu'il soit ou non légalisé, ou d'un jugement.

Si le débiteur a reconnu, dans un acte public et authentique, une dette dont l'existence était constatée par un acte sous seing-privé, il peut être saisi immobilièrement en vertu de cette reconnaissance, qui devient un titre contre lui. Il en serait de même, si le créancier était porteur d'un titre authentique, où il n'aurait pas été partie, mais qui contiendrait délégation à son profit.

Le cessionnaire d'un titre exécutoire ne peut poursuivre l'expropriation qu'après la signification du transport au débiteur ; la cession doit de plus être authentique.

Quant à ce qui concerne le titre résultant d'un jugement, tout jugement peut servir de base à une poursuite en expropriation. On peut donc commencer celle-ci en vertu d'un jugement provisoire, mais on ne peut la consommer par l'adjudication qu'en vertu d'un jugement définitif, en dernier ressort ou passé en force de chose jugée.

Un jugement par défaut ne peut être invoqué avant l'expiration de la huitaine qui suit sa signification.

Enfin le commandement produit deux effets importants ; il interrompt la prescription, et met le débiteur en demeure.

Lorsque l'expropriation est poursuivie contre un tiers détenteur par un créancier hypothécaire usant du droit de suite que lui confère la loi, le poursuivant n'est pas tenu, à peine de nullité, de lui donner copie du titre de créance en vertu duquel il agit, ni du commandement fait au débiteur originaire.

L'article 2169 du Code civil exige seulement que sommation lui soit faite par le créancier, d'acquitter la dette de son auteur ou de délaisser l'immeuble qu'il détient. Faute par lui de se soumettre à l'une de ces alternatives, l'expropriation suit son cours contre lui ; nous verrons plus loin quel rapport existe exactement entre cette sommation et le commandement fait au débiteur originaire.

Le commandement étant dûment signifié, il doit être

sursis à toute mesure d'exécution pendant trente jours ;
c'est le dernier délai accordé au débiteur pour acquitter sa dette, et se soustraire ainsi à la saisie.

Le délai de trente jours doit-il être franc, en un mot
le jour de la signification et celui de l'échéance ne
doivent-ils pas y être compris ? L'article 1033 du Code
de procédure nous apprend en effet que ces deux jours
ne doivent pas être comptés dans tout délai fixé pour
ajournement, sommation, etc. Nous croyons que le
commandement de payer dont il s'agit doit tomber sous
le coup de notre article ; et cependant il n'y tombe pas
directement ce n'est plus en effet ici un délai fixé par
la loi pendant lequel il doive être procédé à la signification d'un acte, mais au contraire bien un délai pendant lequel il ne peut être agi.

Quoiqu'il en soit, les raisons sont les mêmes dans
l'un et l'autre cas ; en effet, pour que l'intention du
législateur soit remplie, il faut que trente jours com-
plets soient accordés au débiteur pour satisfaire son
créancier, son intérêt l'exige, et c'est cet intérêt que
le législateur a eu en vue en édictant cette mesure.

Il ne faut néanmoins pas appliquer entièrement les
régles de l'article 1033, décidant que le délai de trente
jours doit être augmenté à raison d'un jour par cinq
myriamètres de distance entre le domicile du créancier et celui du débiteur ; nous savons, en effet, que
par le commandement le créancier a élu domicile
dans le lieu où siège le tribunal qui doit connaître de
la saisie ; ce tribunal étant celui de la situation de
l'immeuble, il ne doit plus désormais y avoir de distance

retardant l'exécution, du moins quant aux actes qui concernent la saisie proprement dite, et aux contestations incidentes soulevées par le débiteur. L'éloignement de celui-ci ne doit pas préjudicier au créancier, et retarder l'exécution, une fois que le commandement lui a été signifié ; le délai d'un jour par cinq myriamètres n'est, en effet, accordé par la loi, que pour exécuter les significations de tous genres.

Le délai de trente jours expiré, le créancier peut faire procéder à la saisie, et, afin que la procédure ne s'éternise pas, la loi exige qu'il y soit procédé, au plus tard, dans les quatre-vingt-dix jours après le commandement ; faute de quoi, celui-ci est périmé et doit être renouvelé pour que le saisie soit valable. La péremption est couverte néanmoins par cela seul que le procès-verbal de saisie a été commencé dans les quatre-vingt-dix jours, encore bien qu'il ne soit terminé que postérieurement.

Quoique périmé, le commandement vaut cependant comme acte interruptif de la prescription.

Un arrêt de la Cour de cassation du 10 juillet 1837, décide que le délai ne court pas, tant que le saisissant est dans l'impossibilité d'agir par le fait du débiteur, comme par exemple dans un cas de poursuite en licitation ou partage exercé contre ce dernier.

Le créancier doit en effet surseoir à toute mesure de saisie tant que l'indivision n'a pas cessé.

Voyons maintenant si la péremption du commandement fait au débiteur originaire entraîne la nullité de la saisie opérée contre un tiers détenteur.

Un arrêt de la cour d'Amiens du 31 décembre 1839 décidait que le commandement fait au débiteur originaire en vertu de l'article 2069 du code civil, se périmant à défaut de saisie opérée dans les trois mois sur le tiers détenteur, et cela en vertu de l'article 674 du code de procédure, il devait en résulter conséquemment que toute saisie pratiquée après ce délai, sans qu'un nouveau commandement ait été signifié au débiteur, était nulle.

Suivant l'article 674, toute saisie immobilière doit être précédée d'un commandement qui doit être suivi d'exécution dans les trois mois, sinon renouvelé ; il n'y a donc pas à distinguer si c'est contre le débiteur ou le tiers détenteur que l'on agit.

Dans ce système, le tiers détenteur, poursuivi en expropriation, pourra donc invoquer la péremption du commandement fait au débiteur originaire.

Je crois, au contraire, qu'il faut considérer la sommation faite au tiers détenteur comme n'étant elle-même qu'un second commandement, le seul qui doive servir réellement de point de départ au délai fixé par la loi.

En effet, le commandement n'est prescrit que comme dernière injonction à celui qui est seul tenu réellement de la dette ; le véritable acte d'introduction à la saisie est la sommation faite au tiers détenteur, puisque c'est contre lui seul qu'est poursuivie l'expropriation.

Il faut donc décider que la sommation, elle aussi,

sera périmée après quatre-vingt-dix jours, quoique l'article 2169 du Code civil, qui est le seul traitant la matière, ne le dise pas ; en un mot, celle-ci doit être régie également par l'article 674 du code procédure.

Il faut, en revanche, la déclarer complétement indépendante du commandement au débiteur; la péremption de l'un ne doit pas entraîner celle de l'autre.

S'il y a eu contradiction dans la jurisprudence sur ce point, cela tient à ce que les uns s'appuient sur l'article 2169 du Code civil qui exige bien un délai de trente jours entre la sommation et la saisie, mais sans édicter de péremption après un délai de quatre-vingt-dix jours écoulé sans poursuite ; l'article 674 du Code de procédure ne distinguant pas entre l'expropriation poursuivie contre le débiteur originaire et celle poursuivie contre le tiers détenteur, ils en concluent que c'est le commandement fait au premier qui doit seul être suivi d'exécution dans les quatre-vingt dix jours, à peine de nullité de la saisie. Les autres, au contraire, et eux seuls, je crois, ont raison suppléent, au défaut d'explicité de la loi par son esprit, qui, nous l'avons dit, est que le véritable commandement soit la sommation faite au tiers détenteur, de payer ou de délaisser, sous peine d'expropriation, et qu'elle doive être indépendante, dans la procédure, du commandement, qui, lui, n'y a trait qu'indirectement.

PROCÈS-VERBAL DE SAISIE. — Si le créancier n'a pas été payé dans les trente jours qui suivent le commandement, il devra charger alors un huissier d'opérer la saisie : elle ne pourrait l'être par aucun autre officier ministériel.

L'huissier devra, à cet effet, se rendre sur les lieux où sont situés les biens à saisir, muni d'un pouvoir spécial, exigé par l'article 556 du Code de procédure.

Un mandat conçu en termes généraux ne serait donc pas suffisant ; il doit de plus émaner du créancier lui-même, ou encore d'une personne ayant mandat spécial de faire procéder à la saisie. Un mandat général d'administration ne suffirait pas ; néanmoins, un pouvoir en blanc donné à l'huissier serait valable, si celui-ci l'avait rempli de son nom en commençant les poursuites.

Il n'est pas nécessaire que ce mandat, quel qu'il soit, soit signifié au saisi ; quoique la loi ne l'exige pas, il en est cependant généralement fait mention dans le procès-verbal.

Le procès-verbal de saisie est destiné à bien faire connaître les immeubles qui en sont frappés, et, soit à cause des effets importants qu'il doit produire, soit à cause de la publicité qu'il est destiné à donner, il doit désigner ces immeubles d'une manière précise.

Et d'abord, il devra contenir, outre les formalités communes à tous les exploits :

L'énonciation du titre exécutoire, en vertu duquel la saisie est opérée ;

Mention du transport de l'huissier sur les biens saisis.

Quant au mode de désignation des immeubles, comme il importe de bien faire connaître tous et chacun des biens saisis, et plus tard mis en vente, la loi de 1841 a maintenu la division établie par le Code de 1806, en maisons et en propriétés rurales.

Pour les premières, le procès-verbal doit indiquer l'arrondissement, la commune, la rue et enfin le numéro de la maison, s'il y en a un ; dans le cas contraire, deux au moins des tenants et aboutissants.

Pour les biens ruraux, le procès-verbal doit contenir la désignation des bâtiments, s'il y en a, la nature et la contenance approximative de chaque pièce, l'arrondissement et la commune où ils sont situés.

Le projet primitif de la loi proposait d'indiquer seulement les corps d'héritage. Cette proposition fut rejetée.

Cette méthode, a dit M. le Rapporteur, seraitd'une application facile sans doute, la rédaction du procès-verbal serait plus expéditive, mais quels embarras n'entraînerait-elle pas? quelles incertitudes, que de procès. Quand il s'agirait de savoir si telle pièce de terre, de prés et de bois, faisait partie de l'adjudication, quel titre pourrait faire valoir l'adjudicataire? Cela est à considérer dans les pays de petite culture, d'extrême division de la propriété.

Par pièce, il faut entendre chaque portion des terres du saisi, qui se trouve séparée par des haies, fossés ou autrement. Une propriété ne cesse pas d'être considérée comme une seule pièce de terre, par cela seul qu'elle offre différents genres de culture.

Quoique toutes les indications prescrites plus haut le soient à peine de nullité, l'omission d'une pièce de terre dépendant d'un domaine saisi n'emporte pas nullité ; seulement cette pièce reste à la disposition du saisi. C'est, du moins, ce qui résulte des termes d'un arrêt de la Cour de Bordeaux du 21 mai 1816.

De même la saisie est encore valable, quoiqu'elle porte en partie sur des biens n'appartenant pas au saisi. C'est au véritable propriétaire à en demander la distraction ; nous verrons plus sloin en quoi consiste celle-ci.

Disons aussi qu'il n'y a pas nullité du procès-verbal pour fausse indication de la contenance, si elle est conforme à la matrice cadastrale ; nous verrons plus loin le rôle que doit jouer cette dernière dans la rédaction du procès-verbal.

Enfin, si un ou plusieurs des objets saisis ne sont pas désignés d'une manière suffisante, la nullité porte sur ces objets seuls et n'embrasse pas toute la saisie. L'article 715, en effet, prononce bien la nullité sans aucune distinction, mais il ajoute que celle-ci n'entraînera pas nécessairement la nullité de la poursuite en ce qui concerne les autres immeubles : elle devra donc ici s'arrêter aux objets désignés d'une manière insuffisante.

Pour rendre plus complètes encore les indications destinées à faire connaître les biens ruraux, on avait demandé, dans la discussion de la loi, le maintien d'une disposition du Code de 1806, qui exigeait, comme pour les maisons, l'indication de deux au moins des tenants et aboutissants.

On disait qu'il fallait se montrer aussi exigeant pour

les pièces d'héritage que pour les corps de bâtiments, ceux-ci étant plus faciles à reconnaître, et la désignation pouvant en être moins complète. Le droit de revendication, en effet, ne pouvant être exercé que si la désignation de l'immeuble est certaine si l'on saisit des pièces d'héritage contigües à d'autres et répondant aux mèmes désignations, il est nécessaire d'indiquer les lieux tenants et aboutissants, pour bien reconnaître quelles sont les terres frappées de saisie·

Il fut répondu à cela que l'huissier se trouve souvent dans l'impossibilité de se faire indiquer les tenants et aboutissants, que les voisins s'y refusent ou donnent des indications inexactes, ce qui est d'autant plus dangereux qu'une erreur peut devenir un moyen d'annulation ; qu'au surplus la copie de la matrice du rôle suffirait toujours pour constater et faire reconnaître le bien saisi.

On a ajouté dans le même sens qu'il ne fallait pas multiplier sans nécessité les précautions et qu'il fallait au besoin sacrifier l'intérêt du débiteur à celui du créancier, la position de celui-ci étant plus favorable puisque le débiteur viole le contrat.

Il me semble cependant que l'on eut tort de ne plus exiger l'indication dont il s'agit ; en effet ou ne saurait entourer de trop de précautions une chose qui peut amener à la suite d'une erreur, de graves inconvénients.

En effet, la matrice cadastrale dont on a parlé comme devant donner des renseignements exacts et infaillibles, peut, ou n'être pas complète, ou· être infidèle. Son insuffisance peut donc amener de nombreux procès ; du reste il est illogique d'avoir supprimé cette indication, alors que nous la voyons maintenue par l'article 957, pour les ventes de biens de mineurs.

Le procès-verbal de saisie doit encore indiquer le nom du fermier auquel sont loués les immeubles, lorsqu'ils le sont. Il n'est pas toujours facile de connaître exactement le nom de ce dernier, si ce n'est toutefois pour les baux de dix-huit ans ; on sait que, depuis la loi de 1855, ceux-ci doivent être transcrits, et, par là même, offrir des renseignements exacts.

Aussi la jurisprudence valide-t-elle souvent des procès-verbaux de saisie, alors même qu'il y a fausse désignation du fermier ; et cependant, nous l'avons vu, toutes les formalités du procès-verbal, toutes les prescriptions de la loi, sont exigées à peine de nullité.

Ici encore, l'esprit, plutôt que le texte de la loi, commande de passer outre sur une irrégularité lorsque celle-ci ne peut entraîner aucune erreur.

Le procès-verbal de saisie doit contenir encore une copie littérale de la matrice du rôle de la contribution foncière pour les articles saisis.

L'ancien article du Code exigeait un simple extrait ; notre loi exige la copie entière de la matrice du rôle, et la jurisprudence se montre très-rigoureuse pour l'observation de cette formalité, annulant le procès-verbal pour une simple omission dans la copie.

Si toutefois il y a des erreurs dans la matrice elle-même, l'huissier n'est pas tenu de les rectifier ; il doit seulement la copier telle qu'elle lui a été remise par le maire ou le directeur des contributions directes. En cas d'absence de matrice cadastrale, il devra produire au procès-verbal un certificat du maire attestant qu'il lui est impossible d'en avoir un extrait.

Enfin le procès-verbal doit indiquer le tribunal où la saisie doit être portée, et qui, nous l'avons déjà vu, est celui de la situation des biens, ou encore celui du domicile du débiteur s'il s'agit d'actions immobilisées. Si les biens saisis sont situés dans plusieurs arrondissements, quoique faisant partie d'une même exploitation, c'est le tribunal du chef-lieu de l'exploitation qui doit connaître de la saisie.

Le tribunal compétent doit connaître de tout ce qui concerne la saisie, voire même d'offres réelles qui seraient faites au cours de l'instance à un créancier dont le domicile serait situé en dehors de l'arrondissement. L'opposition au commandement ne pourrait cependant pas être portée devant le tribunal de la situation des biens; car, je le répète, cet acte n'est pas un acte d'exécution, et ne fait point réellement partie de la saisie; de plus, pour ce qui est de l'opposition au commandement, c'est cet acte qui doit avertir le débiteur que le créancier élit domicile dans le lieu où siége le tribunal de la situation, l'opposition à cet acte ne peut donc pas être déjà portée devant ce tribunal.

Enfin le procès-verbal doit contenir une constitution d'avoué de la part du saisissant, et c'est désormais chez cet avoué que sera son domicile, à partir toutefois pour le saisi, de la dénonciationqui lui en aura été faite : jusque là, pour lui, le domicile du créancier poursuivant reste celui qui avait été élu dans le commandement.

Enfin, le procès-verbal de saisie doit être visé par le maire de la commune dans laquelle est situé l'immeuble saisi; si la saisie comprend à la fois des biens situés dans plusieurs communes, le procès-verbal doit être visé successivement par chacun des maires; leur visa est donné à la suite de la partie du procès-verbal relative aux biens situés dans leur commune.

Le Code de 1806 exigeait la remise entière d'une copie du procès-verbal aux greffiers des juges de paix, ainsi qu'aux maires et adjoints des communes où étaient situés les biens. La loi de 1841 a retranché avec raison cette formalité, qui augmentait inutilement les frais; en effet, ce qu'il importe de constater surtout, c'est la présence de l'huissier sur les lieux où il a rédigé son procès-verbal : le visa des maires de chaque commune remplit suffisamment cet objet, il ajoute en effet une garantie plus certaine encore, en exigeant que le visa soit donné, non après la clôture du procès-verbal, mais successivement par chaque maire à mesure que les biens situés dans sa commune viennent d'être saisis et inscrits au procès-verbal.

Terminons ce qui concerne la rédaction du procès verbal de saisie en constatant que la loi n'exige pas qu'il soit rédigé en une seule vacation; il arrive souvent au contraire que l'huissier en emploie plusieurs à ce travail; le législateur ne lui a fixé, à cet égard, aucune limite.

Le procès-verbal de saisie achevé, la loi s'occupe des moyens de le porter à la connaissance des parties intéressées, qui sont le saisi d'abord, et ensuite les tiers qui pourraient avoir quelques droits sur les immeubles compris audit procès-verbal.

Quant au premier, la saisie doit lui être dénoncée dans les quinze jours qui en suivent la clôture, au moyen d'un exploit contenant copie entière et littérale de ce procès-verbal ; un jour de plus est ajouté à ce délai, par cinq myriamètres de distance entre le domicile du saisi et le lieu où siége le tribunal compétent; nous voyons appliquer ici la règle de l'article 1033 dont il a été parlé plus haut, relative aux significations en général.

L'original de cet exploit, et non la copie, doit, lui aussi, être visé par le maire du lieu où la dénonciation est faite. On décide généralement que le visa apposé sur la copie et non sur l'original, serait un cas de nullité de la dénonciation.

Sous l'empire du Code de 1806, la transcription était le premier acte qui suivit la procédure de saisie, tandis que nous allons la voir ne venir maintenant qu'après la dénonciation faite au saisi.

Comme cette transcription est le moyen destiné à faire connaître la saisie aux tiers, il en résultait que ceux-ci étaient avertis avant le saisi, quoiqu'il fût le plus intéressé à connaître les actes de rigueur dirigés contre lui; notre loi exige, au contraire, et avec raison, que la dénonciation au saisi soit faite la première.

L'instance doit se lier d'abord avec la partie principale; les autres, même les créanciers, ne doivent être considérés que comme des intervenants appelés à surveiller leurs droits.

La dénonciation serait valablement faite au domicile qui aurait été élu pour l'exécution de l'acte. Ajoutons encore que le délai de quinzaine ne doit pas être franc, il faut en exclure le jour *ad quem* ; notre article n'exige, en effet, qu'une chose, c'est que la saisie soit dénoncée au saisi dans les quinze jours ; et puis ici, contrairement à ce que nous avons vu plus haut pour les trente jours qui doivent suivre le commandement, il est de l'intérêt de toutes les parties, saisi et saisissant, que la dénonciation soit faite le plus tôt possible.

Ce n'est donc qu'après la dénonciation faite au saisi que doit être prise la mesure destinée à produire la publicité vis-à-vis des tiers ; à cet effet, le procès-verbal de saisie doit être transcrit dans les 15 jours qui suivent la dénonciation, ainsi que l'exploit de dénonciation lui-même.

« Votre commission, disait le rapporteur de la loi, a pensé que ce n'était pas assez d'exiger la transcription de la saisie ; les tiers, les créanciers surtout, ont intérêt à savoir si l'instance est déjà régulièrement liée avec le saisi, par la notification du procès-verbal de saisie. C'est pour cela qu'elle propose d'exiger en même temps la transcription de l'exploit de dénonciation de la saisie au débiteur. »

On avait proposé de ne pas exiger la transcription textuelle de la dénonciation, mais seulement une simple mention ; cette proposition ne fut pas adoptée, et l'exploit de dénonciation doit être transcrit en entier. Cette transcription doit être faite au bureau des hypothèques de la situation des biens ; s'il y a des biens dans plusieurs arrondissements, elle sera faite dans chacun de leurs bureaux.

Si le conservateur ne peut pas procéder de suite à la transcription, quand elle lui est demandée, il doit en faire mention sur l'original qui lui est laissé, et indiquer les heure, jour, mois et an, auxquels il lui a été remis.

En effet, si une autre saisie des mêmes immeubles lui est présentée pour la transcription, non-seulement la première seule doit être valable, mais le conservateur doit refuser de transcrire la seconde, en constatant son refus en marge de celle-ci, en y énonçant la date de la précédente saisie, et en indiquant les noms, demeures et professions du saisissant et du saisi, ainsi que le tribunal où la saisie est portée, le nom de l'avoué constitué par le saisissant, et enfin la date de la transcription.

Ce refus de transcription d'une nouvelle saisie par le conservateur est l'application du principe de Droit : «Saisie sur saisie ne vaut» ; il ne doit raisonnablement, en effet, y avoir qu'une seule poursuite à la fois pour la vente d'un immeuble, et dès lors une seule transcription.

Le conservateur ne pourrait pas, néanmoins, refuser la transcription d'une saisie par cela seul qu'il saurait qu'une saisie antérieure aurait eu lieu ; il faut que celle-ci ait été transcrite.

Toutes les poursuites sur une seconde saisie, nonobstant la transcription d'une première, sont donc nulles, et restent à la charge du poursuivant, sauf toutefois son recours contre le conservateur, si celui-ci ne lui a pas fait connaître l'existence de la première saisie, et ne lui a pas refusé la transcription de son procès-verbal. Le conservateur tombe, en effet, sous le coup de l'article 1383 du Code civil, qui le rend responsable du dommage qu'il a causé par sa négligence.

Mentionnons encore les progrès réalisés ici sur le Code de 1806 ; celui-ci ne fixait pas de délais pour la transcription, quoique l'ancien édit de mars 1691 prescrivit l'enregistrement de là saisie dans les six mois ; on avait conclu de ce silence du Code que la transcription pouvait être faite dans le délai de la péremption. C'était une lacune que la loi actuelle remplit avec raison ; le court délai de quinze jours accordé à cet effet, simplifie et abrége la procédure de saisie.

Enfin la loi a supprimé la transcription de la saisie au greffe, et autres formalités dispendieuses et inutiles, exigées par le Code, telles que l'insertion de l'extrait au tableau d'audience et dans les journaux, l'affichage dans certains lieux, etc.

Avant d'étudier les effets de la saisie, résumons

rapidement les formalités à remplir pour arriver à ce qu'elle soit valablement opérée. Ces formalités sont:

1° Un commandement au débiteur que l'on veut saisir, et une sommation au tiers détenteur, lorsque c'est contre celui-ci qu'est poursuivie l'expropriation.

2° Un procès-verbal de saisie, trente jours au plus tôt et quatre-vingt-dix jours au plus tard après le commandement;

3° Dénonciation au saisi, quinze jours au plus tard après la clôture du procès-verbal;

4° Enfin, transcription de la saisie et de la dénonciation qui en a été faite au saisi, quinze jours également au plus tard après cette dénonciation.

Ces délais réunis forment donc entre le commandement et la transcription, un espace maximum de cent-vingt jours, en admettant toutefois: 1°, que le procès-verbal de saisie a été rédigé en une seule vacation, ce que nous avons vu plus haut ne pas être exigé; 2° que le domicile du saisi soit dans l'arrondissement des immeubles, ou du moins n'en soit pas distant de plus de cinq myriamètres; quoi qu'il en soit, ces délais ne peuvent pas en être sensiblement augmentés.

Effets de la saisie. — La saisie, une fois accomplie, a pour résultat immédiat de venir restreindre les droits du saisi, soit sur les produits, soit sur les fonds des immeubles frappés d'expropriation; il faut en effet, dès maintenant, considérer le poursuivant et les autres intéressés comme ayant des droits acquis sur eux; ce sont ces droits qu'il s'agit de sauvegarder.

Et d'abord, quant aux produits, une distinction est

faite par la loi, suivant que les biens sont exploités par le saisi lui-même, ou qu'ils sont loués à un fermier ou locataire. Dans le premier cas, en effet, les fruits sont naturels ou industriels ; dans l'autre, ce sont des fruits civils ; du reste, pour les uns comme pour les autres, le même but est poursuivi, leur immobilisation. Nous verrons plus loin en quoi elle consiste et les moyens employés pour l'atteindre.

C'est là une restriction apportée au *jus utendi* du propriétaire ; disons de suite, pour ce qui regarde le *jus abutendi*, que le saisi est responsable des dégradations arriivées par son fait, et incapable d'aliéner ses biens, à quelque titre que ce soit.

Ces mesures restrictives prises, le saisi reste néanmoins en possession, et conserve l'administration de ses biens, à moins toutefois qu'elle ne lui soit retirée sur la demande d'un ou plusieurs créanciers ; dans ce cas, elle sera confiée soit à l'un d'eux, soit encore à un tiers. Cette demande doit être motivée sur la mauvaise gestion du saisi ou sur des dégradations par lui commises ; en tout cas, sur des motifs graves.

Sous l'ancien droit, cette administration était confiée à des agents institués à cet effet, en titre d'office, sous le nom de Commissaires aux saisies réelles. Ces officiers recueillaient et faisaient vendre les fruits, si l'immeuble n'était pas affermé ; s'il l'était, ils formaient entre les mains des fermiers les oppositions nécessaires

Ce mode d'administration fut changé par la loi du 11 Brumaire, an VII, dont les principes ont été reproduits par le Code de procédure.

Le rapporteur de la loi à la Chambre des pairs critiquait ce système. « C'est par faveur, par condescendance et presque par faiblesse, disait-il, que le saisi est laissé en possession. Cette faveur est presque toujours nuisible, parce qu'elle perpétue les regrets, et donne lieu à de mauvais incidents, auxquels le saisi n'aurait peut-être jamais songé. »

Mais ces critiques ne sont pas fondées. En effet, la possession laissée au saisi jusqu'à la vente est un acte d'indulgence et de ménagement que l'équité semble exiger; du reste, s'il s'en montre indigne, nous avons vu qu'on pouvait la lui retirer. C'est, de plus, un moyen d'éviter des frais de garde souvent considérables.

Aussi, ce fut avec raison que l'on repoussa les conclusions du rapporteur sur ce point, et le saisi fut déclaré devoir rester en possession des biens jusqu'à la vente, comme séquestre judiciaire; il était autrefois comme tel, contraint par corps à présenter les fruits échus depuis la transcription; ceux qui ont été recueillis avant cette époque lui appartiennent.

Du reste, pour surcroît de précautions, la loi donne le droit aux créanciers de faire procéder eux-mêmes à la coupe et à la vente en tout ou en partie des fruits pendants par racine. Il doivent, à cet effet, en demander l'autorisation au président, qui les y autorise par ordonnance sur référé. L'ancien article n'expliquait par comment la vente des fruits devait être autorisée; on en avait conclu que le créancier n'avait d'autre ressource que de les faire saisir-brandonner. Les frais de cette procédure empêchaient presque toujours les créanciers de profiter du bénéfice de la loi.

La vente de ces fruits peut être faite aux enchères, ou de toute autre manière. Lors de la discussion de la loi, la Chambre des députés demandait qu'ils ne pussent être vendus qu'aux enchères, mais la Chambre des pairs repoussa cette proposition. « A ne voir que la rigueur du principe, disait le rapporteur, la vente devrait toujours avoir lieu aux enchères, par l'intermédiaire d'officiers publics, avec affiches, publications, annonces, procès-verbaux ; mais il ne nous a pas paru légalement raisonnable de tenir rigoureusement à ces règles, quand la valeur des récoltes est minime et que toute dépense pourrait en affaiblir considérablement ou même en absorber le produit. Le président pourra donc ordonner que la vente soit faite sur place au marché le plus voisin. »

Nous venons de voir que c'était le président seul du tribunal, qui statuait par ordonnance sur référé sur la question de savoir si l'administration doit être ou non laissée au saisi, ainsi que sur la coupe et la vente des fruits.

D'après le Code de 1806, c'était le tribunal qui statuait sur ces deux questions. On fut facilement d'accord pour donner ce pouvoir au président, mais on discuta longtemps pour savoir s'il devait statuer par ordonnance sur requête ou dans la forme des référés.

La Chambre des pairs s'était prononcée pour le premier mode ; la Chambre des députés adopta au contraire le second, admettant avec raison que l'on ne pouvait guère dépouiller le saisi de l'administration des biens sans l'appeler et sans l'entendre.

On fit surtout remarquer, qu'en supprimant d'avance le référé, on n'aboutirait à rien, puisque le saisi ne l'invoquerait pas lorsqu'on viendrait exécuter contre lui une ordonnance dans laquelle il n'aurait pas été partie; il était donc bien plus naturel de l'appeler d'avance en référé, ainsi que le poursuivant; il y aurait économie de temps et de frais. La Chambre des pairs se rangea donc, elle aussi, à cette opinion, nonobstant l'avis de la commission.

Les fruits étant donc vendus de la manière que nous venons de voir, le prix doit en être déposé à la caisse des dépôts et consignations, en attendant que l'ouverture de l'ordre, qui doit fixer la part de chaque créancier, permette de l'ajouter au produit de la vente de l'immeuble; il est dès lors immobilisé. Ce dépôt, quoique exigé par la loi, n'est, toutefois, sanctionné par aucune peine et déchéance, et cependant on l'a fait remarquer pendant la discussion; on demandait de combler cette lacune des lois antérieures ordonnant dans divers cas le dépôt à la caisse des consignations; on appelait l'attention du gouvernement sur la nécessité de faire exécuter cette mesure par les officiers publics et de ne pas laisser ainsi des sommes importantes rester dans une position incertaine et improductive.

Si les fruits naturels ou industriels sont recueillis par le saisi lui-même, ils sont immobilisés entre ses mains, et doivent venir, eux aussi, grossir le prix de l'immeuble, lors de la distribution qui en est faite aux créanciers, soit qu'ils existent encore en nature, soit qu'ils aient été vendus par le saisi, c'est alors le prix qui en est immobilisé.

Certains auteurs enseignent que l'immobilisation n'a pas lieu de plein droit, à savoir que la saisie de l'immeuble ne vaut pas par elle-même la saisie des fruits, et qu'il est nécessaire, en effet, d'opérer une saisie-brandon, distincte de la saisie réelle.

Il me semble difficile d'admettre cette opinion puisque l'article 682 du Code de procédure, qui décrète l'immobilisation des fruits aussitôt la saisie opérée, n'impose pour cela aucune formalité nouvelle; il ne faut pas en effet, oublier que la loi de 1841, qui a fixé notre article, tel qu'il existe, a eu pour objectif de simplifier autant que possible la marche de la procédure; il faut donc admettre qu'ici elle n'a pas voulu d'une complication de formes entièrement inutile.

L'immobilisation des fruits a donc lieu de plein droit dès que la dénonciation au saisi a été transcrite; disons à ce propos que, sous l'empire du Code, elle avait lieu après la dénonciation elle-même, celle-ci ne venant qu'après la transcription destinée à prévenir les tiers.

Cette immobilisation subsiste, alors même que la saisie est convertie en vente sur publications volontaires; dans tous les cas, elle n'a lieu qu'au profit des créanciers hypothécaires, et l'adjudicataire n'a aucun droit sur les fruits immobilisés.

Si les immeubles sont loués et produisent ainsi des

fruits civils, on opère pour ceux-ci comme pour les fruits des immeubles restés entre les mains du saisi, on les immobilise entre les mains du fermier ou du locataire : le poursuivant ou tout autre créancier en opère la saisie-arrêt entre les mains des fermiers et locataires, au moyen d'un simple acte d'opposition. D'après le Code de 1806, une saisie-arrêt était néces saire, on a supprimé avec raison cette procédure longue et dispendieuse, et l'on a décidé qu'un simple acte d'opposition serait suffisant.

Une fois que cette opposition est faite, les fermiers ne peuvent plus payer valablement entre les mains du saisi ; ils ne sont libérés qu'en payant à la requête des créanciers, ou en versant le montant des loyers à la caisse des dépôts et consignations ; ce versement a lieu, soit à la demande des fermiers, soit sur la simple sommation des créanciers.

S'il n'y a pas eu d'opposition faite entre leurs mains, les paiements faits au débiteur sont valables ; celui-ci est alors tenu de les représenter, et il en est responsable comme séquestre judiciaire.

On le voit, le principe est le même, qu'il s'agisse de fruits naturels et industriels, ou qu'il s'agisse de fruits civils : le but poursuivi est de les immobiliser, en quelles que mains qu'ils soient, pour éviter un double mode de distribution entre les créanciers, l'un du produit des fruits, l'autre du produit de l'immeuble.

En vertu de l'article 1167 du Code civil, les créanciers peuvent toujours attaquer les actes faits par leurs débiteurs en fraude de leurs droits ; le code de

procédure a fait une application spéciale de ce principe, dans le cas de location ou de bail des immeubles
saisis ; il décide que les baux qui n'auront pas acquis
date certaine avant le commandement fait au débiteur
propriétaire de ces immeubles, pourront être annulés,
sur la demande des créanciers avant l'adjudication,
et après elle par l'adjudicataire ; celui-ci est en effet
tenu de respecter les baux passés par le précédent
propriétaire.

Il faut donc, pour qu'ils puissent être annulés, qu'ils
réunissent deux conditions : qu'ils aient été faits
lorsque déjà la saisie était rendue imminente par le
commandement fait au débiteur, et que, outre cette
présomption de fraude de la part du propriétaire, il
en existe une autre dans la teneur même du bail,
qu'il soit fait, par exemple, pour une période de temps
inusitée, ou à des conditions onéreuses pour le
bailleur.

Cet ensemble de circonstances doit donc faire
présumer le bail frauduleux, et le tribunal devra
l'annuler.

La chambre des députés avait dit sur la proposition
du Garde des Sceaux « que les baux devaient être
annulés sur la simple demande des créanciers, par
cela seul qu'ils avaient été faits après le commandement. » Mais la chambre des pairs s'y refusa, et
voulut que l'annulation fût laissée à l'appréciation des
juges. On a fait remarquer avec raison que les créanciers ne sont pas ici ce que l'on appelle des tiers ; ils
représentent le saisi, et ils ne peuvent de leur chef

prétendre à une nullité qui lui est interdite ; en un mot, ils n'ont d'autres droits que ceux de l'article 1167 du Code civil. On a pensé aussi, pour ce qui regarde la date certaine du bail, qu'il fallait tenir compte des usages et des habitudes ; lorsqu'en effet il s'agit de locations peu importantes, il arrive souvent que l'on ne fasse pas enregistrer les baux ; il en était du moins ainsi avant la loi récente qui prescrit cet enregistrement sous peine d'amende. Il y aurait donc eu de la rigueur à exiger des magistrats qu'ils prononçassent la nullité de tous ces baux, même en l'absence de toute fraude, parce que la formalité de l'enregistrement n'aurait pas été observée. Le tribunal qui connaît de la demande en nullité doit donc examiner les faits, et voir si, dans la conduite du saisi, il y a eu quelque disposition à la fraude ; alors seulement il doit prononcer la nullité.

On avait encore proposé de déclarer que les baux seraient valables quand même ils n'auraient pas date certaine, si leur exécution avait commencé avant le commandement, en ce sens toutefois que l'adjudicataire devrait les respecter jusqu'à concurrence des délais fixés par l'usage des lieux, ou encore des délais nécessaires aux fermiers pour recueillir les fruits, comme cela est réglé par les articles 1736 et 1774 du Code civil, pour les baux sans écrit.

Cette proposition fut repoussée par la chambre des pairs, et il fut décidé, sur les observations du rapporteur, que le bail annulé ne devait laisser aucune trace, et que, s'il y en avait d'inévitables à cause de son commencement d'exécution, le tribunal saisi devrait en régler les suites.

La jouissance du locataire n'est donc pas un obstacle à l'annulation du bail, et, si celui-ci est annulé, le tribunal pourvoit à l'administration des biens.

Nous avons dit plus haut que le saisi était responsable des dégradations par lui commises sur le fonds de l'immeuble dont il a conservé la possession, et cela sous les peines portées par les articles 400 et 434 du Code de procédure; nous allons étudier une dernière mesure prise par la loi relativement encore au fonds même, à savoir l'incapacité où il est de l'aliéner, à partir de la transcription de la saisie ou plutôt de la dénonciation qui en a été faite au saisi.

L'interdiction d'aliéner datait, sous l'ancien Code, de la dénonciation, elle commence maintenant à la transcription, puisque c'est là que la loi actuelle fixe les divers effets de la saisie. C'est là encore une conséquence de l'interversion apportée dans l'ordre de ces deux actes.

On avait demandé que la nullité frappât les aliénations faites depuis la dénonciation au saisi, et l'on faisait observer que le système actuel ouvre la porte à la fraude, puisque le saisi averti par la dénonciation peut profiter du délai qui lui est laissé jusqu'à la transcription, pour faire des ventes simulées ou encore des coupes anticipées, ce qui lui est également interdit. Cette proposition ne fut pas adoptée, et avec raison; c'est au poursuivant à faire diligence pour opérer la transcription.

Une question importante déjà soulevée sous l'ancien Code, n'a pas été résolue, du moins en termes exprès, par la Loi de 1841, celle de savoir si la prohibition d'aliéner emporte celle d'hypothéquer. Il est en effet de règle dans notre droit que la capacité d'aliéner et la capacité d'hypothéquer vont de pair, et qu'il faut avoir l'une pour avoir l'autre. Mais il ne doit pas s'ensuivre qu'une incapacité édictée pour un cas spécial comme celui qui nous occupe, doive dégénérer en incapacité générale et absolue ; ici elle nait occasionnellement de la saisie d'un immeuble, on doit donc la restreindre à l'incapacité d'aliéner, comme le font du reste les termes mêmes de l'article.

En effet, les raisons ne sont pas les mêmes pour les deux incapacités, la première est nécessaire pour protéger les droits du saisissant et des autres créanciers, qui seraient exposés à se voir enlever leur gage par le fait du saisi; la faculté d'hypothéquer, au contraire, ne peut leur nuire en rien, du moins à ceux qui ont une hypothèque déjà inscrite, elle est, d'un autre côté, pour le saisi un moyen d'acquérir encore quelques ressources, peut-être de payer le saisissant lui-même. Sans doute, l'hypothèque consentie par le débiteur pourrait nuire au saisissant, s'il était simplement créancier chirographaire, mais il ne doit s'en prendre qu'à lui-même, puisqu'il peut se pourvoir devant les tribunaux et obtenir un jugement en vertu duquel il puisse prendre inscription. Aussi c'est avec raison que l'on a repoussé un amendement portant que les hypothèques consenties par la partie

saisie ne pourraient primer la créance du saisissant
en principal, intérêts et frais. « La saisie immobilière,
disait-on à la fin de cet amendement, est une sorte de
mainmise sur le bien. Il faut que cette mainmise ait
un effet ; que le débiteur ne puisse nuire au saisissant
par aucun acte postérieur, pas plus par une hypothèque que par une vente. » On n'adopta pas cet amendement qui accordait à un créancier chirographaire
un droit contraire à notre système hypothécaire. Et
puis il résulte clairement de l'esprit de la loi, que celle-
ci n'a voulu interdire que ce qui peut nuire réellement
aux créanciers inscrits ; c'est ainsi que cette nullité
de l'aliénation qu'elle déclare exister de plein droit,
elle ne l'accorde que dans l'intérêt de ceux-ci ; on est
du moins généralement d'accord pour décider qu'elle
ne peut être invoquée que par eux, et non par l'acquéreur, ni par le saisi, ni par les créanciers chirographaires ; en un mot, ce n'est pas une nullité
d'ordre public. Ce qui le prouve, c'est la disposition
édictée plus loin par notre loi, et en vertu de laquelle
l'aliénation faite après la transcription reçoit néanmoins son exécution si, avant le jour fixé par l'adjudication, l'acquéreur consigne une somme suffisante
pour acquitter en principal, intérêts et frais, ce qui est
dû aux créanciers inscrits, ainsi qu'au saisissant.

Ceux-ci, en effet, étant complètement désintéressés
par le prix de la vente, il n'y a plus aucune raison
pour annuler l'aliénation qui a été faite de l'immeuble saisi; c'est là, je le répète, une conséquence
et en même temps une nouvelle affirmation du prin-

cipe que j'ai indiqué plus haut, à savoir que la nullité de l'aliénation n'est pas d'ordre public, mais bien introduite seulement dans l'intérêt de quelques privilégiés.

On avait demandé à la chambre des députés de supprimer cette disposition du Code, et de décider que toute vente volontaire, même avec consignation suffisante pour désintéresser les créanciers inscrits, serait nulle. On disait à l'appui qu'aujourd'hui que la procédure est simple et rapide, il n'y avait aucun avantage à autoriser une vente volontaire, quelques jours peut être avant la vente sur saisie. Mais on a pensé avec raison qu'il pouvait être avantageux, non seulement au débiteur, mais encore aux créanciers, de vendre à l'amiable pendant que la saisie subsiste ; c'est en effet un moyen d'obtenir un meilleur prix.

On avait encore proposé un amendement portant que l'aliénation n'aurait son effet, que si la saisie était rayée du consentement du saisissant et de tous les créanciers inscrits, ou en vertu de jugements rendus contre eux. Cette disposition qui se trouve dans la législation du canton de Genève relative aux saisies immobilières, fut également rejetée.

Nous avons dit que le prix de l'aliénation doit être consigné par l'acquéreur ; celui-ci doit de plus signifier l'acte de consignation au saisissant et aux créanciers inscrits. La loi exige à juste titre la consignation, et non le paiement, car il peut arriver qu'il y ait des contestations pour déterminer le *quantum* de chaque créance ; tel créancier, en effet, qui paraît l'être pour une somme quelconque peut avoir été payé de tout ou partie de cette somme ; c'est aux créanciers à liquider cela entre eux.

Il est bon de remarquer que la consignation doit être de la somme nécessaire pour désintéresser intégralement les créanciers inscrits, et non du prix de l'aliénation, alors même que celui-ci serait inférieur. En effet la somme consignée n'est pas réellement le prix de l'immeuble, c'est seulement un prêt, une sorte d'avance faite au saisi par l'acquéreur, dans le but d'amener la libération de l'immeuble.

Le Code de 1806 n'exigeait que la consignation de la somme nécessaire pour acquitter les créances inscrites ; néanmois la jurisprudence décidait généralement qu'il fallait y joindre le montant de la créance du saisissant, quoi qu'il ne fût que créancier chirographaire ; notre loi a consacré cette décision, en disant expressément que la somme consignée devra atteindre le montant de ce qui est dû non seulement aux créanciers inscrits, mais encore aux saisissants. On a fait remarquer avec quelque raison qu'il y avait contradiction à accorder au saisissant, après une aliénation volontaire, un privilége qui est refusé aux autres créanciers chirographaires, et qui lui est refusé à lui-même en cas d'hypothèques consenties par le saisi. Cette objection tombe si l'on veut bien considérer que la vente volontaire ayant pour effet d'arrêter les poursuites, il faut évidemment commencer par désintéresser celui qui les a commencés, le créancier saisissant.

Quand à la position des créanciers à hypothèques légales, il résulte des déclarations du rapporteur de la loi que l'acquéreur qui a consigné dans les conditions que nous venons de voir, ne sera pas tenu de purger la propriété vis-à-vis d'eux ; il est dans la position de tout autre acquéreur qui a payé imprudemment, et qui peut être exposé à payer une seconde fois.

Disons enfin que si l'argent consigné se compose de deniers empruntés, les prêteurs de ces deniers n'auront d'hypothèque qu'après les créanciers inscrits lors de l'aliénation.

CAHIER DES CHARGES. — Dès maintenant commencent les formalités à remplir pour préparer la vente des immeubles saisis. La première de ces formalités est la confection, à la charge du poursuivant, d'un cahier des charges qui doit être déposé au greffe du tribunal compétent, dans les vingt jours au plus tard après la transcription de la saisie. Ce cahier est destiné à faire connaître aux personnes qui voudraient acquérir les immeubles, dans quel état ils se trouvent, et les conditions auxquelles le poursuivant désire que l'adjudication ait lieu.

C'est en effet à lui qu'il appartient de stipuler les charges de la vente, il est le mandataire légal des autres créanciers.

Le cahier des charges doit donc être rédigé par l'avoué du poursuivant et contenir :

1° L'énonciation du titre exécutoire en vertu duquel la saisie a été faite, du commandement, du procès-verbal de saisie, ainsi que des autres actes et jugements intervenus postérieurement ; en un mot, de tout ce qui a été fait, jusqu'alors dans la procédure.

2° La désignation des immeubles, telle qu'elle résulte du procès-verbal de saisie.

3° Enfin les conditions de la vente, et une mise à prix.

Il est surtout nécessaire de mentionner dans la désignation des immeubles, les servitudes, rentes perpétuelles et autres charges, qui peuvent grever la propriété.

Les conditions de la vente peuvent être de différentes sortes ; c'est ainsi qu'on admet généralement que l'on peut imposer à l'adjudicataire la condition de fournir caution, ou encore stipuler que les frais extraordinaires de poursuite seront prélevés sur le prix de l'adjudication.

Quant à la mise à prix, une fois établie, elle ne peut être modifiée que si le poursuivant a été trompé sur la véritable valeur de l'immeuble, qu'il peut ne pas bien connaître puisque celui-ci n'est pas entre ses mains.

Lorsque le cahier des charges a été déposé au greffe du tribunal, le poursuivant doit en avertir le saisi d'abord, et ensuite les créanciers inscrits ou privilégiés; dès maintenant, en effet, ceux-ci ont un intérêt évident à être mis en mesure de contrôler les actes de la saisie, puisque le saisi doit toucher le reliquat du montant de l'adjudication après ses dettes payées, et que les créanciers doivent être soldés sur ce prix. Ils ont donc intérêt à ce qu'il soit élevé, et à ce que l'adjudication se fasse dans les meilleures conditions possibles.

Ici commence le développement du système qui doit avoir pour effet de simplifier la procédure, de la rendre plus rapide et beaucoup moins coûteuse. Il consiste à remplacer les trois publications illusoires et l'adjudication préparatoire qui étaient ordonnées par le Code et qui dans la pratique étaient à peine exécutées, par le règlement judiciaire entre les parties intéressées, des clauses et conditions du cahier d'enchères, et par l'indication faite en même temps du jour où l'adjudication doit avoir lieu.

Viennent ensuite l'insertion dans le journal et l'apposition des placards destinés à tenir lieu des trois annonces et des trois affiches dont la publication n'était réellement pas exigée pour faire acquérir à la poursuite une plus grande publicité.

Le poursuivant doit, dans les huit jours au plus tard après le dépôt au greffe du cahier des charges, outre un jour par cinq myriamètres de distance entre le domicile du saisi et le lieu où siége le tribunal, lui faire sommation de prendre communication de ce cahier, de fournir les observations qu'il a à y faire, et d'assister, à un jour fixé, à une audience dite de publication, dans laquelle il doit être procédé à la lecture du cahier des charges, ainsi qu'à la fixation du jour de l'adjudication.

Cette sommation doit être faite à la personne ou au domicile du saisi, et doit contenir, non pas une signification du cahier des charges lui-même, mais simplement une injonction d'en prendre communication au greffe. Un de ses effets les plus importants est d'indiquer le jour, le lieu et l'heure de l'audience de publication, dans laquelle doit alors être décidée et fixée l'adjudication des immeubles saisis.

Sous le Code, une semblable sommation devait être faite, dans le même délai de huitaine, seulement aux créanciers inscrits, au domicile par eux élu dans leur inscription ; il n'était question ni du vendeur ni des hypothèques légales. C'était là le résultat du principe affirmé par ce Code dans l'article 731, à savoir que l'adjudication ne transfère à l'adjudicataire d'autres droits que ceux du saisi lui-même, en un mot qu'il reçoit l'immeuble grevé de toutes les charges qui pèsent sur lui, soit de la part du saisi, soit de la part des propriétaires précédents. Seules les hypothèques inscrites étaient purgées par l'adjudication, seuls donc les créanciers inscrits devaient être prévenus officiellement de la saisie. On comprenait parmi ceux-ci non seulement ceux qui étaient inscrits au moment de la transcription, mais bien tous ceux qui l'étaient au moment du dépôt du cahier des charges, qu'ils fussent inscrits du chef du saisi ou encore du chef des précédents propriétaires.

Du reste on admet en pratique que, quel que soit le moment où le créancier poursuivant a fait relever l'état des inscriptions existantes, pourvu qu'il l'ait fait après le dépôt du cahier des charges, il n'est pas tenu de s'enquérir des inscriptions nouvelles qui pourraient surgir, à moins toutefois qu'il n'y ait fraude de sa part. Dans ce cas, c'est alors au tribunal à apprécier.

Les créanciers inscrits étant seuls prévenus, on ne s'occupait donc en rien et des droits du vendeur et des hypothèques légales que l'on sait ne pas être soumises par le Code civil à la formalité de l'inscription : la loi de 1841 est venue combler cette lacune pour ce qui regarde le vendeur; celle de 1858 indique les moyens à employer et les formalités à remplir pour la purge des hypothèques légales.

Si parmi les créanciers inscrits, nous dit la loi de 1841, se trouve le vendeur de l'immeuble saisi la sommation faite à ce créancier portera qu'à défaut de former sa demande en résolution et de la notifier au greffe avant l'adjudication, il sera définitivement déchu du droit de la faire prononcer (Art. 692).

Elle impose donc au saisissant l'obligation de sommer aussi le vendeur, lorsque celui-ci a fait inscrire son privilége. On sait, en effet, que le droit du vendeur non payé est de deux sortes ; il a d'abord un privilége soumis à la double formalité de la transcription et de l'inscription, mais il a en outre le droit de demander la résolution de la vente, et cette action, qui n'a besoin d'être manifestée par aucune formalité extérieure, dure trente ans ; elle survivait, sous le

Code, aux ventes forcées comme aux ventes volontaires.

En adoptant un principe aussi absolu, et en laissant ainsi survivre le droit de résolution à l'adjudication, le Code civil s'était écarté de la loi romaine et du droit coutumier. La première, en effet, voulait que le pacte commissoire fût exprimé ; autrement elle ne donnait au vendeur qu'une action personnelle ; le second admettait de plein droit l'action résolutoire, mais il décidait qu'elle était purgée par la vente en justice.

La commission de la Chambre des pairs, conformément aux vœux exprimés par la Cour de cassation et par plusieurs cours royales, lors des travaux préparatoires de la loi actuelle, avait proposé de soumettre à certaines conditions de publicité l'action résolutoire accordée au vendeur, créancier du prix. L'admission de ce principe rencontra beaucoup d'opposition ; on voulait protéger outre mesure le vendeur en lui assurant la chose ou le prix, et l'on prétendait que par suite du nouveau système, ce ne serait plus le débiteur, mais le vendeur, qui se trouverait dépouillé par la saisie.

Mais heureusement les Chambres ne tinrent pas compte de ces objections et considérèrent avec raison, suivant nous, que si, dans une vente volontaire, l'acquéreur qui ignore l'existence d'un droit réel est en faute, parce qu'il a pu vérifier les titres et se faire représenter les quittances, il n'en est pas de même dans une vente forcée où l'adjudicataire achète sous la foi de la justice, et n'a aucune relation avec le précédent propriétaire ; on ne peut alors le laisser à la discrétion d'un vendeur négligent ou, trop souvent, d'intelligence avec le saisi.

Ce point admis, il restait à décider par quelles précautions prises avant l'adjudication, le vendeur non payé pourrait conserver son droit de résolution. Lui suffirait-il de faire de simples réserves, ou devrait-il nécessairement former sa demande en résolution avant l'adjudication ? Nous venons de voir ce qu'il advient lorsque son privilége est régulièrement inscrit ; voyons maintenant à quoi est soumise par l'article 717 l'action en résolution, pour être exercée valablement.

La Chambre des pairs adoptant l'avis de sa commission, s'était prononcée pour le système de simples réserves à faire par le vendeur dans le cahier des charges, ou de notifications à faire au poursuivant. La commission de la Chambre des députés adhéra d'abord à ce système ; mais après un nouvel examen, elle pensa qu'il était aussi facile à l'ancien vendeur d'exercer son action que de la réserver ; elle proposa en conséquence de subordonner la conservation du droit du vendeur à une demande résolutoire antérieure à l'adjudication. Appuyée par le Gouvernement, mais énergiquement combattue par plusieurs orateurs, cette proposition fut rejetée, et remplacée par un amendement portant que le droit du vendeur serait conservé, non seulement par des réserves expresses, mais par la simple inscription de son privilége, et que le vendeur serait déchu de son action en résolution s'il ne l'intentait pas avant la clôture de l'ordre.

Cet amendement succomba à son tour lors du second examen de la loi à la Chambre des pairs, et on adopta la disposition actuelle en vertu de laquelle la demande en résolution doit être notifiée au greffe du tribunal avant l'adjudication ; sinon, l'adjudicataire ne peut plus être troublé par elle.

Cette disposition n'est que la reproduction de la proposition faite en dernier lieu par la commission de la Chambre des députés, et consacre définitivement le principe de la demande préalable en résolution. Le complément de cette disposition se trouve dans l'avertissement que reçoit le vendeur, en exécution de l'article 692.

Les motifs qui ont empêché de proroger la demande en résolution jusqu'avant la clôture de l'ordre, comme on l'avait proposé, sont, qu'avec ce système ou encore avec le système des réserves, on éloignait les véritables adjudicataires : « Quel sera l'homme assez imprudent, disait le Garde des Sceaux, pour se rendre adjudicataire, pour se charger de payer les poursuites d'adjudication et d'ordre, lorsqu'il saura qu'il peut être dépouillé par l'exercice d'un droit latent qui ne se réveillera qu'à une époque tardive, alors que les frais seront consommés. »

Le rapporteur ajoutait qu'une adjudication dans de telles conditions ne serait qu'un ruineux pacte aléatoire, dont toutes les chances tourneraient à la ruine du saisi et du créancier. On dit aussi qu'il n'était pas possible d'attacher à la simple inscription l'effet d'un acte conservatoire pour l'action en résolution, que le vendeur créancier inscrit devient partie dans la poursuite immobilière, et ne peut trahir la foi promise aux adjudicataires.

On avait raison de défendre le droit du vendeur, car c'est là un droit sacré qui doit passer avant tous, puisque c'est le vendeur qui a mis l'immeuble saisi dans le patrimoine du débiteur, et que tant qu'il n'est pas payé, celui-ci doit être censé lui appartenir encore.

Aussi on aurait pu se contenter, à la rigueur, du système des réserves, puisque les enchérisseurs étaient avertis par là, et achetaient alors à leurs risques et périls, ne pouvant se plaindre d'aucune surprise. Qu'on ne dise pas que personne ne se serait présenté sous la menace d'une résolution ; on se serait présenté dans les ventes forcées comme dans les ventes volontaires où le droit de résolution est toujours imminent, et cependant les immeubles ne s'y vendent pas à vil prix.

Le système qu'on a adopté a, suivant nous, le grave inconvénient de rendre inévitable une demande en résolution qui, avec l'autre combinaison, n'aurait été qu'un accident, et de multiplier les formalités et les frais, de créer des retards, au grand préjudice de toutes les parties. Et puis il peut arriver que le vendeur ait une créance à terme et que ce terme ne soit pas échu ; on ne peut réellement pas attacher, dans ce cas, la perte de son droit au défaut d'une action qu'il lui est interdit d'exercer.

Remarquons en outre que l'exception ne s'applique qu'à l'action en résolution du vendeur non payé ; elle ne concerne en rien les autres droits résolutoires, tels que l'inexécution d'une condition quelconque, la revendication des propriétaires dont le bien a été vendu à leur insu, la rescision pour lésion, etc.

Telles sont les principales objections qui ont été faites contre la disposition de la loi de 1811, maintenue par la loi de 1858, qui, nous allons le voir, n'a fait qu'ajouter à notre article 717 les dispositions concernant les hypothèques légales.

Quoiqu'il en soit, le régime actuel est bien préférable à celui qui laissait l'adjudicataire sous le coup de ce droit occulte du vendeur non payé, l'action en résolution, à quelque moment qu'il plaise à celui-ci de l'intenter ; une fois l'adjudication faite sans que cette demande ait été notifiée, l'adjudicataire est à l'abri de toute atteinte. L'art. 717 nous apprend en effet que l'adjudicataire ne peut être troublé dans sa propriété par aucune demande en résolution fondée sur le défaut de paiement du prix des anciennes aliénations, à moins qu'avant l'adjudication la demande n'ait été notifiée au greffe du tribunal où se poursuit la vente. La demande en résolution constitue une instance principale et distincte de la poursuite, et non un simple incident ; car, il résulte, du quatrième alinéa de l'article 717, que le créancier poursuivant peut intervenir dans l'instance de la demande en résolution ; il n'y est donc pas partie, et il le serait, si ce n'était là qu'un incident de la poursuite en expropriation !

Lorsque la demande a été notifiée en temps utile

il est sursis à l'adjudication, et le tribunal, sur la ré-
clamation du poursuivant ou de tout créancier
inscrit, doit fixer un délai dans lequel le vendeur
soit tenu de mettre fin à l'instance en résolution.
La loi est sur l'un et l'autre point formellement impéra-
tive le sursis devrait donc être prononcé quand même il
seraient évident que la demande en résolution n'a
rien de sérieux, ou qu'elle est née d'un concert
frauduleux entre le saisi et le vendeur ; le tribunal
n'aurait, dans ce cas, d'autre ressource que de
restreindre dans les plus étroites limites le délai
dans lequel l'action devrait être jugée.

Quoi que soit ce délai, lorsqu'il est expiré sans
que la demande en résolution ait été définitivement jugée, il doit être passé outre à l'adjudication,
à moins que, pour des causes graves et dûment
justifiées, le tribunal n'ait accordé un nouveau
délai pour le jugement de l'action en résolution.

Lorsque, le vendeur ne s'étant pas conformé aux
prescriptions du tribunal touchant son action en
résolution, il est passé outre à l'adjudication, celle-ci
libère également l'adjudicataire des droits des anciens vendeurs, et ceux-ci n'ont plus que la ressource
de faire valoir leurs titres de créance dans l'ordre
et la distribution du prix de l'adjudication.

La loi de 1858 est venue décider que les hypothèques légales auraient le sort des hypothèques inscrites, et seraient purgées comme elles par l'adjudication, ou plutôt par la transcription du jugement
qui l'a prononcée, transcription exigée par la loi

du 23 Mars 1855. Les créanciers pourvus de ces hypothèques doivent donc être, eux aussi, appelés dans l'instance par une sommation semblable à celle que reçoivent le vendeur non payé et les créanciers inscrits, les avertissant que, pour conserver leur hypothèque sur l'immeuble exproprié, ils doivent la faire inscrire avant la transcription du jugement d'adjudication. Une copie de cette sommation doit de plus être notifiée au procureur de la République de l'arrondissement où les biens sont situés, qui doit requérir d'office l'inscription des hypothèques légales existant du chef du saisi sur les biens compris dans la saisie.

Lorsque le créancier poursuivant n'a pu connaître, d'après son titre, toutes les hypothèques légales existant sur les biens saisis, parce que les mariages ou tutelles qui y ont donné lieu n'y sont pas mentionnés, une autre interpellation leur est faite par la voie de la presse, car, il doit être déclaré par la voie des journaux qui contiennent l'insertion annonçant la vente (art. 696), que tous ceux du chef desquels il peut être pris inscription pour raison d'hypothèques légales doivent requérir cette inscription avant la transcription du jugement d'adjudication.

Si donc, ces conditions remplies, les hypothèques légales n'ont point été inscrites, les créanciers qui y avaient droit, à savoir les femmes mariées, les mineurs et les interdits, ou leurs ayant-cause, et en sont complètement déchus, et ne conservent plus qu'un droit de préférence sur le prix provenant de l'adjudication ; encore faut-il pour cela qu'ils produisent leurs pièces et fassent valoir leurs droits, dans les délais assignés à cet effet, suivant que l'ordre se règle judiciairement ou à l'amiable.

Les droits du vendeur non payé et les hypothèques légales étant ainsi purgés par l'adjudication, qu'advient-il des autres droits réels qui peuvent exister sur les immeubles saisis, droits d'usufruit, servitudes, etc, ? L'article 717 a reproduit la disposition de l'ancien Code de procédure, à savoir que l'adjudication ne transfère à l'adjudicataire d'autres droits à la propriété que ceux qu'avait le saisi. A part donc les modifications importantes apportées à ce principe absolu par les lois de 1811 et de 1858, relativement à l'action en résolution et aux hypothèques légales, la propriété reste grevée dans les mains de l'adjudicataire des droits réels qui affectent l'immeuble adjugé. Hâtons-nous de dire qu'il n'y aura là le plus souvent aucun mécompte pour l'acquéreur, puisque, d'après la loi de 1855 sur la transcription, les droits réels n'étant valablement constitués qu'autant qu'ils ont été transcrits, il aura dû les connaître avant de se rendre adjudicataire.

Lorsque les sommations que nous avons étudiées plus haut, ont été notifiées, il doit en être fait mention, dans les huit jours à partir de la dernière ; en marge de la transcription qui a été faite de la saisie au bureau des hypothèques.

A partir de cette mention, les créanciers deviennent eux-mêmes parties dans l'instance de saisie; chacun d'eux est considéré comme co-saisissant, et le conservateur ne peut rayer la saisie que de leur consentement. Avant l'enregistrement, au contraire, le saisissant est maître de la saisie, il peut en donner main-levée; et dans ce cas, le conservateur doit la rayer immédiatement.

Si la saisie était déclarée nulle pour un vice de forme, elle devrait être rayée sans qu'il fût besoin du consentement des créanciers; c'est là une nullité absolue qui doit avoir son effet vis-à-vis de tous. Mais si au contraire la nullité était fondée sur un défaut de titre de la part du poursuivant, ou sur toute autre cause émanant personnellement de celui-ci, elle ne serait nulle que pour lui, et resterait commune à tous les autres créanciers inscrits, chacun d'eux a dans ce cas le droit de se faire subroger aux poursuites, et de les continuer en son nom.

C'est ainsi encore qu'un arrêt de la Cour de Riom du 5 mai 1841 décide qu'à partir de ce moment de la procédure, le saisi n'a plus capacité pour défendre seul aux actions relatives à la propriété des immeubles saisis, notamment à une action en résolution de la vente de ces immeubles. Si donc les créanciers hypothécaires n'ont pas été appelés dans l'instance, ils peuvent former tierce opposition au jugement qui prononcerait la résolution.

En effet, dit l'arrêt, aux termes de l'article 474 du Code de procédure une partie peut former tierce-opposition à un jugement qui préjudicie à ses droits, et lors duquel ni elle, ni ceux qui la représentent, n'ont été appelés.

Il est évident qu'ici les créanciers hypothécaires sont lésés dans leurs droits par la résolution de la vente de leur gage ; les formalités nécessaires ont été toutes remplies, la saisie est donc pour eux un droit acquis et ne peut plus être rayée que de leur consentement ou par un jugement dans lequel ils sont intervenus. Leur intérêt est en effet dès lors indépendant de celui du débiteur saisi, et celui-ci ne peut valablement les représenter.

Nous avons dit plus haut à quel moment le poursuivant devait faire relever l'état des inscriptions prises sur l'immeuble saisi, afin de savoir à qui il devrait faire les sommations prescrites par l'article 692. Il peut se faire que des créanciers aient été omis par le conservateur dans le relevé qu'il a fait, ou encore qu'il y ait des hypothèques non inscrites en temps utile, le poursuivant n'a donc pas pu les prévenir. Mais si ces divers créanciers n'ont aucun droit à un avertissement spécial, ils ont néanmoins la faculté d'intervenir dans la procédure d'expropriation, et s'ils sont inscrits valablement lors de l'audience de publication ou plutôt trois jours avant, ils ont le droit, eux aussi, de faire insérer des observations dans le cahier des charges ou d'en demander la modification.

Ces créanciers intervenants ont aussi qualité pour faire prononcer la nullité des procédures irrégulières, car l'article 715 donne ce droit à tous ceux qui y ont intérêt; il n'y a pas de raison pour le leur refuser, puisqu'on l'accorde aux créanciers inscrits alors même qu'ils n'étaient pas encore partie dans l'expropriation, pour les actes antérieurs à la sommation qui les a liés à l'instance.

Du reste, si on leur refuse le droit d'agir de leur propre chef, on ne peut leur refuser le droit d'agir du chef du saisi, conformément à l'article 1166 du Code civil; à ce titre, les créanciers chirographaires eux-mêmes peuvent intervenir.

L'intervention des créanciers non inscrits les place donc au même rang que ceux qui ont reçu les sommations prescrites, ils sont dès lors parties dans l'instance; de là pour eux les conséquences que nous avons mentionnées plus haut; il faut leur accorder entre autres le droit de se faire subroger au saisissant dans tous les cas où les créanciers appelés le peuvent eux-mêmes, et admettre la nullité d'une main-levée de la saisie qui serait donnée par lui seul sans leur consentement.

AUDIENCE DE PUBLICATION. — Nous avons dit que le poursuivant devait, dans les sommations faites au saisi et aux créanciers inscrits, les avertir qu'à tel jour et à telle heure le cahier des charges serait lu et publié en audience du tribunal; c'est le poursuivant qui fixe ce jour. Cette audience doit avoir lieu trente jours au plus tôt et quarante jours au plus tard après le dépôt du cahier des charges; ce ne sont point là, croyons-nous, des délais francs, et l'on doit y comprendre le jour de la date et celui de l'échéance.

A propos de ce délai rapproché dans lequel doit avoir lieu l'audience de publication, mentionnons une inconséquence qui peut se présenter en pratique, rarement il est vrai. On sait que l'article 691 accorde, outre les huit jours fixés pour les sommations, un délai d'un jour par cinq myriamètres de distance entre le siége du tribunal et le lieu où elles doivent être faites, qui est le domicile réel du saisi. La loi de 1841 n'avait pas accordé expressément ce jour pour les sommations à faire aux créanciers inscrits ; la loi de 1858 est venue combler cette lacune et affirmer ce que la jurisprudence décidait du reste généralement, en disant que le délai pour les sommations à faire aux créanciers inscrits serait également augmenté d'un jour par cinq myriamètres de distance entre le tribunal et le lieu de la saisie. Nous savons, d'un autre côté, que l'audience de publication à laquelle ils sont conviés peut avoir lieu trente jours après le dépôt du cahier des charges ; il peut ainsi se faire, si l'on suppose un créancier très éloigné, que cette audience ait eu lieu avant qu'il en ait été prévenu, et sans qu'il ait pu, par conséquent, apporter son contingent d'observations au cahier des charges, ni assister à sa publication. La loi sera donc ainsi violée, soit que l'on décide qu'il a été valablement interpellé, dans ce cas en effet on le punirait d'une faute qui n'est pas la sienne ; soit que l'on déclare au contraire que l'adjudication n'aura pas d'effet vis-à-vis de lui, et laissera tous ses droits intacts, ce serait alors déclarer que le poursuivant n'a pas observé les délais qui lui étaient assignés, et nous venons de voir qu'il s'y est rigoureusement conformé.

On décide généralement que l'interpellation demeure valable, mais que pour l'empêcher de nuire au créancier auquel elle a été faite tardivement, celui-ci aura le droit de demander au tribunal un délai suffisant pour intervenir dans la procédure, pour faire modifier, par exemple, les clauses du cahier des charges. Toutes les parties intéressées devront dès lors être prévenues de l'incident survenu, et du jour où le tribunal doit statuer sur les observations du nouvel intervenant. Le tribunal pourra du reste repousser les observations, ou encore fixer un nouveau délai pour l'adjudication et une nouvelle publication du cahier des charges, si des modifications y ont été introduites.

Quant aux créanciers interpellés à temps ils doivent, ainsi que le poursuivant et le saisi, produire leurs dires et observations, trois jours au plus tard avant l'audience de publication ; tant qu'ils sont dans ce délai, ils peuvent demander des modifications aux clauses de la vente, ou encore une augmentation de la mise à prix.

Le projet primitif laissait la faculté de présenter les dires et observations jusqu'au huitième jour avant l'ajudication ; mais cette disposition a été changée par la commission de la Chambre des pairs. Dans le système actuel, a-t-on dit, l'adjudication préparatoire est remplacée par la publication judiciaire du cahier des charges ; pour que le but de la loi soit atteint, il faut que le cahier des charges soit un acte fixe, stable, qui ne puisse recevoir de modifications ultérieures ; autrement il n'y aurait pas de sécurité. Les tiers qui se proposeraient d'enchérir, ne connaissant pas ces modifications assez à temps, pourraient renoncer à courir la chance des enchères dans la crainte de se compromettre.

Un orateur ayant demandé ce qui arriverait si on venait à connaître peu de temps avant l'adjudication que la propriété est grevée d'usufruit, il fut répondu à cette observation qu'il y aurait lieu dans ce cas à une demande en distraction, et qu'on procéderait alors comme dans toute demande d'urgence.

Au jour donc indiqué par la sommation faite au saisi et aux créanciers, il est donné lecture du cahier des charges en audience du tribunal, ainsi que des dires et observations qui y ont été insérées. Le tribunal doit statuer sur les modifications demandées; les simples dires des parties autres que le poursuivant ne peuvent faire la loi des adjudicataires, il faut que les clauses contestées soient rectifiées par un jugement.

Si le cahier des charges ne contient que des irrégularités, il y a lieu seulement à rectification. Autrefois on se demandait, lorsque le cahier des charges était déclaré nul, s'il fallait recommencer toute la procédure. Aujourd'hui la difficulté est tranchée par le nouvel article 728, portant que si des moyens de nullité sont admis, la poursuite peut être reprise à partir du dernier acte valable.

Ce réglement judiciaire des clauses et conditions du cahier des charges remplace l'adjudication préparatoire dont la suppression était réclamée depuis longtemps.

On se plaignait qu'il'adjudication préparatoire fût une formalité sans objet; aucun enchérisseur ne se présentait au jour indiqué pour cette adjudication, et elle était presque toujours faite au poursuivant pour sa mise à prix.

Dans les ventes autres que celles sur saisie, l'adjudication préparatoire était supprimée; on donnait simplement acte au poursuivant de leur diligence. L'adjudication préparatoire n'avait qu'un seul avantage, c'était de tracer une limite pour les nullités antérieures, qui s'éteignaient alors si elles n'étaient pas immédiatement proposées. Mais ce but est aussi efficacement atteint par la publication unique que la loi actuelle substitue à l'adjudication préparatoire, et qui devient la barrière proposée à tous les incidents motivés sur des actes antérieurs.

Lorsque le cahier des charges est définitivement arrêté, tel qu'il doit faire loi pour l'adjudication, le tribunal fixe le jour et l'heure où il sera procédé à celle-ci; ce doit être trente jours au moins et soixante jours au plus après l'audience.

INSERTION ET PLACARDS. — Les conditions et le jour de l'adjudication étant ainsi fixés, il ne reste qu'à l'annoncer et à la faire connaître au public. Les moyens employés à cet effet sont les mêmes qu'indiquait le Code de procédure, l'insertion dans les journaux et l'affiche de placards. Mais ces publications, qui étaient au nombre de trois, sont réduites à une.

Quarante jours donc au plus tôt et vingt jours au plus tard avant l'adjudication, l'avoué du poursuivant

doit faire insérer dans un journal publié dans le départe-
tement où sont situés les biens un extrait signé de lui
et contenant :

1° La date de la saisie et sa transcription ;

2° Les noms, profession, demeure du saisi, du
saisissant et de l'avoué de ce dernier ;

3° La désignation des immeubles, telle qu'elle est
insérée dans le procès-verbal ;

4° La mise à prix ;

5° L'indication du tribunal où la saisie se poursuit,
et des jour, lieu et heure de l'adjudication.

Enfin, la loi de 1858 exige qu'il soit déclaré dans cet
extrait, que tous ceux du chef desquels il peut être
pris inscription pour hypothèques légales, doivent
requérir cette inscription avant la transcription du
jugement d'adjudication.

Une discussion politique s'est élevée au milieu des
débats de la loi de 1841, à l'occasion des journaux où
doivent se faire les insertions. Sous l'ancien Code, le
poursuivant avait le choix du journal dans lequel elles
devaient se faire ; mais notre loi donne aux Cours
d'appel, Chambres réunies, le droit de désigner
chaque année, pour chaque arrondissement de leur
ressort, les journaux dans lesquels doivent être insérées les annonces judiciaires de toutes sortes, ainsi
que de fixer le tarif de l'impression de ces annonces.
Ce droit soulevait de graves objections, et les orateurs
de l'opposition y voyaient un moyen d'action du
gouvernement sur les journaux, qui devaient se
laisser séduire par la perspective d'obtenir les an-

nonces judiciaires. Le gouvernement protesta de la pureté de ses intentions, disant que cette innovation n'avait pour but que d'assurer à l'adjudication la plus grande publicité possible; on ne devait pas laisser au poursuivant la faculté de la cacher en la faisant annoncer dans une feuille peu répandue.

Du reste, cette disposition a été modifiée, elle aussi, par le décret du 17 février 1852, qui accorde au préfet de chaque département le droit de désigner les journaux à annonces judiciaires.

L'annonce dans les journaux n'est pas le seul moyen de publicité employé pour faire connaître le jour de l'adjudication. Le poursuivant doit encore faire afficher des placards imprimés contenant un extrait pareil à celui qui est inséré dans les journaux.

1° à la porte du domicile du saisi;

2° à la porte principale des édifices saisis;

3° à la principale place de la commune où le saisi est domicilié, ainsi qu'à la principale place de la commune où les biens sont situés, et de celle du lieu où siége le tribunal devant lequel se poursuit la vente;

4° à la porte extérieure des mairies du domicile du saisi et des communes de la situation des biens;

5° au lieu où se tient le principal marché de chacune de ces communes, et lorsqu'il n'y en a pas, au lieu où se tient le principal marché des deux communes les plus voisines de l'arrondissement.

6° à la porte de l'auditoire du juge de paix de la situation des bâtiments, et, s'il n'y a pas de bâtiments, à la porte de l'auditoire de la justice de paix où se trouve la majeure partie des biens saisis.

7° enfin aux portes extérieures des tribunaux du domicile du saisi, de la situation des biens et de la vente.

Outre l'insertion réglementaire prescrite par l'art. 696, il peut arriver que l'une des deux parties intéressées à l'adjudication en demande une supplémentaire dans un ou plusieurs autres journaux, si elle le croit nécessaire dans l'intérêt de tous. Dans ce cas, le président du tribunal doit statuer sur sa demande, et, s'il l'autorise à faire de nouvelles publications, les frais doivent entrer en taxe dans les frais généraux de poursuite.

Cette insertion est justifiée par un exemplaire de la feuille contenant l'extrait dont nous avons parlé; cet exemplaire doit porter la signature de l'imprimeur, légalisée par le maire.

L'apposition des affiches est attestée par un procès-verbal rédigé sur un de leurs exemplaires ; l'huissier qui a dû les apposer doit y attester qu'elle a été faite aux lieux déterminés par la loi, sans toutefois les détailler. Ce procès-verbal doit être visé par le maire de chacune des communes dans lesquelles l'apposition a été faite.

On vient de voir que la vente doit être affichée dans tous les endroits, à peu près, où elle a intérêt à l'être, mais il est bien entendu que cette énumération n'est pas limitative, et que le poursuivant et les autres parties intéressées peuvent faire 'afficher des placards partout où ils le jugent convenable. La loi autorise qu'ils soient passés en taxe jusqu'à 500 exemplaires, non compris le nombre prescrit par l'article 699. Le poursuivant peut dépasser ce nombre, mais le coût des nouvelles affiches reste à sa charge.

Le procès-verbal d'apposition des placards ne doit être notifié, ni au saisi, ni aux créanciers inscrits; ils ont été en effet appelés à la publication du cahier des charges, et le jour de l'adjudication y a été fixé par le tribunal.

Voyons maintenant comment sont réglés les frais généraux qui ont été faits jusqu'ici dans la procédure d'expropriation. On se plaignait depuis longtemps du chiffre excessif de ces frais; l'ancienne loi n'exigeait aucune taxe; aussi l'usage s'était-il établi d'insérer dans le cahier des [charges une clause qui interdisait à l'adjudicataire le pouvoir de la demander ou d'en profiter. Notre loi est venue réformer cet abus.

Le projet adopté par la chambre des pairs portait que le montant de la taxe pourrait seul être mis à la charge de l'adjudicataire. La chambre des députés a rejeté cette disposition. « L'article, disait M. le Rapporteur, doit s'exprimer en termes plus généraux, et qui ne laissent pas supposer qu'on pourrait mettre à la charge du prix des frais non taxés, excédant ceux que l'adjudicataire supporterait personnellement. »

Les frais de la poursuite doivent donc être taxés par le juge, et il ne peut être rien exigé au-delà du montant de cette taxe. Le projet est allé plus loin; il exigeait que le président biffât la clause par laquelle toute autre somme que le montant de la taxe serait à la charge de l'adjudicataire. Cette disposition a été retranchée, et on a pensé qu'il n'était ni nécessaire, ni digne, de faire descendre le président à cette espèce de voie de fait. Le montant de la taxe doit être publiquement annoncé avant le jour de l'adjudication, et il doit en être fait mention dans le jugement qui la prononce.

De l'Adjudication. — L'adjudication doit avoir lieu au jour indiqué par le jugement de publication; il y est procédé sur la demande du poursuivant, et à son défaut, sur celle de l'un des créanciers. De cette façon, ceux-ci ne sont plus abandonnés à la discrétion du poursuivant, qui pouvait s'entendre avec le saisi pour prolonger indéfiniment le moment de l'adjudication, mais, si celle-ci ne peut être devancée sous aucun prétexte, elle peut cependant être remise sur la demande du poursuivant ou de l'une quelconque des parties intéressées, du saisi ou des créanciers inscrits.

Cette remise ne peut être accordée que pour des causes graves et dûment justifiées, et le jugement qui la prononce doit fixer de nouveau le jour où l'adjudication aura lieu; ce jour ne doit pas être éloigné de moins de quinze jours, ni de plus de soixante; le jugement n'est susceptible d'aucun recours, lorsque la remise est accordée. Si, au contraire, le tribunal la refusait, sa décision serait susceptible d'appel. La remise peut être accordée, soit pour un incident qui n'est pas encore vidé, soit encore pour une cause majeure qui empêcherait les enchérisseurs de se présenter. Le défaut de signification du jugement qui ordonne la remise de l'adjudication à un jour plus éloigné, n'entraîne pas la nullité de cette adjudication; les parties ont dû en effet être présentes, et par conséquent connaître cette remise.

La jurisprudence décide généralement qu'il n'est point nécessaire de réitérer les sommations faites lorsque les poursuites interrompues un moment sont reprises. Cette solution est juste et bien fondée lorsque l'adjudication a été prorogée à jour fixe comme nous venons de le voir. Les créanciers ont dû, en effet, être présents au jour indiqué pour l'adjudication, assister aux débats qui l'ont amenée, et enfin connaître le nouveau jour fixé; s'ils n'étaient pas présents, ils ne doivent s'en prendre qu'à eux-mêmes.

Mais si l'on suppose que l'on a ajourné l'adjudication sans en déterminer le jour, si, par exemple, un incident s'est élevé empêchant l'adjudication, ou bien encore, sans que la remise ait été prononcée, s'il ne s'est présenté aucun enchérisseur; dans l'un et l'autre cas, sans doute la procédure antérieure ne doit pas être annulée, puisque les nullités ne se suppléent point, et que celle-ci n'est pas prononcée par la loi; mais il faut cependant prévenir de nouveau les créanciers intéressés du jour où doit avoir lieu l'adjudication, et des autres modifications qui ont pu être introduites dans le cahier des charges.

Il faut distinguer ici si les clauses et conditions du cahier des charges ont été sensiblement modifiées, notamment la mise à prix, ou si l'on a simplement changé le jour de l'adjudication. Dans le premier cas, de nouvelles sommations sont nécessaires, car du moment que les conditions auxquelles les créanciers avaient adhéré ne sont plus les mêmes, il est évident qu'ils doivent être mis en demeure de prendre communication des changements qu'a subis le cahier des charges, et de fournir de nouveau à cet égard leurs dires et observations.

Si, au contraire, on ne fait que fixer plus tard le nouveau jour de l'adjudication, les sommations ne sont plus nécessaires; il doit suffire de prévenir les divers créanciers du jour où il doit être procédé à cette fixation. Si, en effet, les sommations aux créanciers n'ont été prescrites qu'une seule fois par la loi, il est certain que celle-ci n'a pas prévu le cas où l'adjudication n'aurait pas lieu au jour fixé par le tribunal. Il faut donc, lorsque cela se présente, concilier autant que possible les intérêts des créanciers avec ses prescriptions. On atteint ce but en prenant le moyen terme que nous venons d'indiquer.

L'adjudication remise doit être de nouveau annoncée par les mêmes insertions et placards que ceux que nous avons vus exigés pour l'adjudication primitive par les articles 696 et 699.

Au jour fixé, les enchères sont ouvertes à l'audience en présence du tribunal régulièrement constitué. Il y est procédé sur les conclusions de l'avoué du saisissant ou sur celles de l'avoué d'un des créanciers inscrits; les créanciers chirographaires n'ont pas ce droit, mais la loi de 1858 est venue l'accorder aux créanciers à hypothèques légales qui n'ont point pris d'inscription.

Les enchères ont lieu par le ministère des avoués qui sont chargés de représenter les enchérisseurs et de miser pour eux. Aussitôt les enchères ouvertes, il doit être successivement allumé des bougies préparées de manière que chacune ait une durée d'environ une minute, et l'adjudication ne peut être faite qu'après l'extinction de trois de ces bougies. Il peut se faire qu'il y ait plus d'enchérisseurs que d'avoués ; on admet généralement que le même avoué peut surenchérir pour plusieurs personnes, mais en faisant connaître à chaque enchère au nom de qui elle a lieu. On avait proposé de trancher cette difficulté : un avoué n'aurait pu enchérir que pour une seule personne, et si un enchérisseur n'avait pas trouvé d'avoué, il aurait pu être autorisé par le tribunal à enchérir lui-même, à condition que, dans le cas où il resterait adjudicataire, il constituât un avoué au moment de la communication de l'adjudication. Cette proposition ne fut pas appuyée.

L'enchérisseur, qui est personnellement obligé vis-à-vis du saisi et des créanciers jusqu'à concurrence de la somme pour laquelle il a enchéri, cesse d'être obligé, si son enchère est couverte par une autre, lors même que cette dernière est déclarée nulle.

Il n'est pas recevable à rétracter son enchère sous prétexte que l'enchère précédente est nulle, et d'un autre côté, si c'est l'enchère suivante qui est annulée, il ne peut demander que l'immeuble lui soit adjugé pour le prix de la sienne.

S'il ne se produit aucune enchère à l'audience pendant la durée des bougies réglementaires, le poursuivant est déclaré adjudicataire pour la mise à prix. S'il y a eu au contraire une ou plusieurs enchères pendant la durée d'une des trois bougies, on en laisse encore brûler deux; après quoi, s'il ne survient pas de nouvelle mise à prix, l'adjudication est prononcée par le tribunal en faveur du dernier enchérisseur. Cette adjudication est définitive, sauf le cas de surenchère, que nous allons étudier; on sait, en effet, que la loi de 1841 a supprimé l'adjudication préparatoire à laquelle étaient soumises les ventes par expropriation, sous l'empire du Code de procédure.

Tout le monde peut être adjudicataire, sauf les membres du tribunal devant lequel se poursuit l'expropriation, le saisi, les personnes notoirement insolvables et l'avoué du poursuivant.

L'incapacité d'enchérir frappe même le magistrat qui est lui-même créancier inscrit et poursuivant; il pourrait, en effet, abuser de son influence pour écarter les enchérisseurs; cette prohibition comprend les membres du parquet, les greffiers, et même les commis assermentés, car ceux-ci font partie du tribunal.

L'ancien article allait plus loin et étendait cette prohibition aux membres des parquets des Cours d'appel. Quant au saisi, il ne peut satisfaire ses créanciers, comment ferait-il pour payer le prix de l'enchère qu'il pourrait mettre? Cependant, cette exception ne s'applique pas au tiers détenteur, ni à la femme commune en biens, ni au tuteur, ni à l'avoué du saisi. Outre les personnes notoirement insolvables, il faut encore déclarer incapables d'enchérir, les mineurs, les interdits, les personnes pourvues d'un conseil judiciaire, les femmes mariées et non autorisées ; celles-ci ne peuvent se rendre adjudicataires, par elles mêmes, ni par personnes interposées.

L'interdiction faite à l'avoué du poursuivant tranche une des questions les plus controversées sous l'ancien Code ; elle est conforme à l'article 1596 du Code civil, qui défend aux mandataires de se rendre adjudicataires des biens qu'ils sont chargés de vendre.

La nullité de l'adjudication dans les cas que nous venons de voir n'a pas lieu de plein droit comme dans l'article 686 ; il faut la faire prononcer contre l'adjudicataire, c'es donc une nullité relative ; la demande doit en être formée par action principale devant le tribunal qui a prononcé l'adjudication.

L'avoué qui est resté dernier enchérisseur doit faire au greffe une déclaration faisant connaître la personne qui lui a donné mandat d'enchérir, et cela dans les trois jours de l'adjudication ; on admet généralement que ce délai doit se composer de trois jours utiles. Cette déclaration doit être faite sur le cahier des charges à la suite de l'adjudication, et être signée de l'avoué.

Il doit en outre fournir l'acceptation de l'adjudicataire, ou représenter son pouvoir qui reste annexé à la minute de sa déclaration ; sinon, il est déclaré adjudicataire en son nom, sans préjudice de dommages-intérêts envers les parties.

Lorsque la personne indiquée est incapable, je ne crois pas que l'avoué puisse être déclaré adjudicataire, mais il reste soumis au recours en dommages-intérêts du propriétaire de l'immeuble vendu, ou de ses créanciers.

SURENCHÈRE. — L'adjudication ne rend pas l'adjudicataire définitivement propriétaire; il cesse de l'être si, dans les huit jours qui la suivent, il se présente un surenchérisseur; si, en un mot, une personne vient offrir de l'immeuble adjugé un prix supérieur au prix d'adjudication.

La surenchère en elle-même a été critiquée. On a dit que c'était détruire le système de la loi, et changer l'adjudication définitive en une simple adjudication préparatoire.

« Ces objections, a répondu le rapporteur, ont été jugées par l'expérience. Aucune difficulté sérieuse n'a été relevée par la pratique, et, au contraire, tout le monde s'est convaincu qu'une sorte de délicatesse éloignant beaucoup de personnes d'une adjudication sur saisie immobilière, et les prix se trouvant ainsi inférieurs à la valeur réelle, la surenchère était un expédient indispensable pour rétablir l'équilibre. »

La surenchère ne dessaisit pas actuellement l'adjudicataire; il reste propriétaire jusqu'à la revente, qui est la condition résolutoire de son contrat. Si donc, dans l'intervalle, l'immeuble périt ou se dégrade, la perte est pour l'adjudicataire, et non pour le surenchérisseur ou le saisi.

La surenchère doit être faite par le ministère d'un

avoué, et être au moins du sixième du prix de l'adjudication primitive. D'après le Code de 1806, elle devait être du quart; ce taux trop élevé pouvait écarter les amateurs. Le prix principal, dont le sixième est exigé pour la surenchère, comprend non seulement le prix exprimé en argent, mais encore les charges qui profitent au vendeur. On exclut seulement les intérêts échus, les frais de poursuite, d'adjudication et d'enregistrement.

La surenchère doit être faite au greffe du tribunal qui a prononcé l'adjudication ; elle doit contenir une constitution d'avoué et ne peut plus être rétractée, car elle profite à tous les intéressés.

Elle doit être dénoncée par le surenchérisseur, dans un délai franc de trois jours, aux avoués de l'adjudicataire poursuivant et de la partie saisie, si toutefois celle-ci en a constitué un ; dans le cas contraire, il n'est pas nécessaire de faire cette dénonciation à sa personne ou à son domicile. Cette dénonciation doit être faite par un simple acte, et donner en même temps aux avoués des parties intéressées un avenir pour l'audience qui suit l'expiration de la quinzaine ; le jour de la nouvelle adjudication y est fixé comme celui de la première.

Nous avons dit qu'une fois que la surenchère est dénoncée, elle est acquise à tous les créanciers ; aussi l'adjudicataire ne pourrait-il arrêter son effet en désintéressant le surenchérisseur. Une autre conséquence de ce principe, c'est, nous dit encore l'article 709, que, si l'enchérisseur ne dénonce pas la surenchère dans le délai ci-dessus fixé, elle ne tombe pas néanmoins, les créanciers et le saisi y ont un droit acquis et peuvent la dénoncer dans les trois jours qui suivent l'expiration du délai accordé au surenchérisseur; s'ils n'usent pas de leur droit, la surenchère est alors seulement déclarée nulle, et cela, sans qu'il soit besoin de faire prononcer la nullité par le tribunal.

Au jour qui a été fixé par la dénonciation de surenchère et par les nouvelles insertions et affiches, les parties intéressées doivent se présenter à l'audience à l'heure indiquée, et là il est procédé à de nouvelles enchères ayant pour base la mise à prix telle qu'elle a été fixée par le surenchérisseur. Le Code de procédure n'ouvrait les enchères qu'entre le surenchérisseur et l'adjudicataire, c'était restreindre inutilement dans une lutte entre deux personnes, le bénéfice qui pouvait résulter pour les créanciers d'une nouvelle adjudication.

S'il ne se présente pas d'enchérisseur, le surenchérisseur est déclaré adjudicataire au prix qu'il a offert. S'il a fait une folle enchère (nous verrons plus loin en quoi celle-ci consiste), il est soumis à la contrainte par corps pour la différence entre son prix et celui de la vente; il l'était, du moins, avant l'abolition de cette peine par la loi de 1867.

Remarquons ici que, si l'immeuble est adjugé au premier adjudicataire, il résulte des termes de l'art. 2125 du Code civil, que les hypothèques qu'il aura consenties dans l'intervalle des deux adjudications doivent être maintenues. En effet, il avait sur l'immeuble qui lui avait été adjugé une première fois un droit réel, mais résoluble, et, s'il pouvait consentir des hypothèques sur lui, elles aussi étaient soumises aux mêmes causes de résolution ; ces causes ayant disparu par l'adjudication définitive, les hypothèques sont acquises irrévocablement,

La loi a crû devoir dire en termes exprès qu'aucune surenchère ne serait plus reçue après la seconde adjudication ; elle a voulu affirmer ainsi que l'adjudicataire qui voudra purger une hypothèque légale ne sera plus exposé à la surenchère du dixième. « Si la loi gardait le silence, a dit le Rapporteur, on serait autorisé à réserver aux créanciers, surtout à ceux qui ont des hypothèques légales que l'adjudication ne purge pas, et auxquels des notifications devront toujours être faites, le droit de surenchère du dixième, autorisé par l'art. 2185 du Code civil. Pour prévenir cette interprétation, nous proposons de placer à la suite de l'article 710, et sous le même numéro, une disposition semblable à celle qui termine le nouvel article 605. La nécessité d'en finir, de fixer la propriété, et, par cette perspective, d'encourager les adjudicataires, l'avantage de mettre un terme à cette masse ruineuse des frais qui se prélèvent sur le gage commun, expliquent clairement la sage prévoyance de cette disposition. »

Il est bien entendu, et du reste la loi le dit positivement, que les personnes que nous avons vues être incapables d'enchérir, ne peuvent non plus faire de surenchère ; les raisons sont les mêmes pour la leur interdire.

JUGEMENT D'ADJUDICATION. — L'adjudication étant faite, il est procédé à la rédaction d'un jugement d'adjudication, qui n'est guère autre chose que la copie du cahier des charges rédigé comme nous l'avons vu sous l'article 697, et l'adjudicataire ne peut se mettre en possession de l'immeuble adjugé qu'après s'être fait remettre par le greffier une grosse du jugement. Celui-ci doit être revêtu de l'intitulé ordinaire des jugements, et du mandement qui les termine, avec injonction à la partie saisie de délaisser la possession aussitôt après la signification qui lui en aura été faite, sous peine d'y être contrainte, même par corps.

Lorsque l'adjudicataire veut se faire délivrer une grosse du jugement d'adjudication, il doit auparavant acquitter les frais ordinaires de poursuite, tels que ceux provenant du commandement, du procès-verbal de saisie, des affiches, etc., en un mot, tous les frais prévus par la loi. Il doit en produire quittance au greffier et, de plus, prouver qu'il a satisfait aux conditions du cahier des charges, qui doivent être exécutées avant la délivrance ; tel est le dépôt du prix à la caisse des consignations, ou encore le versement qu'il en aurait fait entre les mains des créanciers du saisi.

Cette quittance et ces pièces justificatives doivent rester annexées à la minute du jugement, et être transcrites à la suite de l'adjudication. Si l'adjudicataire n'a pas fait ces justifications dans les quinze jours, il y est contraint par la voie de la folle enchère, sans préjudice des autres voies de droit.

Les frais de poursuite qui peuvent résulter des

contestations incidentes à la saisie, en un mot qui n'ont pas été prévus par la loi, et par là même sont qualifiés d'extraordinaires, ne sont payés par privilége sur le prix qu'autant qu'il en a été ordonné ainsi par un jugement.

Le jugement d'adjudication doit contenir, outre la copie du cahier des charges, tout ce qu'il est nécessaire à l'adjudicataire et au saisi de connaître, tel que les publications, les dires qui ont été produits, et enfin l'adjudication elle-même. Il n'est pas nécessaire qu'il soit motivé ; il doit être signifié au poursuivant et à la partie saisie, mais non aux créanciers inscrits. Cette disposition de la loi consacre la jurisprudence antérieure ; on décidait déjà, en effet, que les créanciers inscrits doivent assister à la vente pour veiller à la conservation de leurs droits, mais qu'ils n'y sont point parties actives. Il est donc inutile de leur signifier le jugement, ils en ont d'ailleurs une révélation suffisante par la mention qui doit en être faite en marge de la transcription de la saisie, à la diligence de l'adjudicataire.

Après avoir étudié les règles et la marche ordinaire de la saisie, il nous reste à indiquer les incidents qui peuvent venir en entraver le cours.

CHAPITRE TROISIÈME

DES INCIDENTS DE LA SAISIE IMMOBILIÈRE.

On appelle incident de saisie immobilière toute demande tendant à suspendre ou à arrêter le cours de la procédure. Toutes les demandes de cette nature sont de la compétence du tribunal qui connaît de la saisie, et doivent être introduites par un simple acte d'avoué à avoué, contenant les moyens invoqués par le demandeur, et ses conclusions. Si la partie contre laquelle est formée la demande n'a pas d'avoué, on l'introduit par un exploit d'ajournement à huit jours, sans augmentation de délai à raison des distances.

Les incidents de la saisie doivent être instruits et jugés comme affaires sommaires, et sur les conclusions du ministère public. La plus grande célérité est en effet nécessaire, puisque le jugement qui statue sur un incident quelconque doit être rendu avant qu'il soit procédé à l'adjudication ; aussi la cause doit-elle être jugée sans attendre son tour de rôle. Il n'est pas non plus nécessaire que le jugement soit rédigé en la forme ordinaire, c'est-à-dire qu'il contienne un point de fait et un point de droit.

La loi de 1841 diffère, dans ces dispositions, du Code de procédure, sur trois points : 1° elle prévoit le cas où la demande incidente est formée contre une partie n'ayant pas d'avoué ; 2° elle décide que les incidents seront jugés comme affaires sommaires ; 3° enfin elle exige les conclusions du ministère public.

Après avoir fixé les règles générales que nous venons de voir, notre loi indique les incidents qui se produisent le plus fréquemment, et fixe des règles spéciales à chacun d'eux. Les incidents qu'elle prévoit sont au nombre de neuf :

1° Concours de saisissants ;
2° Subrogation dans la poursuite ;
3° Radiation d'une première saisie ;
4° Distraction de tout ou partie des objets saisis ;
5° Nullités ;
6° Voies de recours contre les jugements rendus ;
7° Folle enchère ;
8° Clause de vendre sans formalités ;
9° Conversion de la saisie en vente volontaire.

S'il s'en présente d'autres, ils doivent être instruits et jugés d'après les règles appliquées à ceux-ci, suivant l'analogie qu'ils offrent avec l'un ou l'autre d'entre eux.

Concours de saisissants. — Il peut arriver que pendant le cours d'une saisie, une seconde poursuite en expropriation soit dirigée contre le même débiteur, à la requête d'un autre créancier. On sait déjà que si cette seconde saisie comprend les mêmes biens que la première, le conservateur doit refuser de la transcrire. Le premier saisissant continue la procédure, et le second n'a qu'un droit, se faire colloquer sur le prix.

Aussi n'est-ce pas ce cas que prévoit l'article 719 ; il

suppose que le second saisissant poursuit la saisie d'immeubles différents appartenant au même débiteur et situés dans le ressort du tribunal qui connait déjà de la première saisie. Il décide que dans ce cas l'une des parties pourra demander la jonction des deux procédures, et par parties, l'on entend généralement non seulement les deux saisissants, mais encore tous les intéressés, tels que le saisi, les créanciers hypothécaires, et même les créanciers chirographaires. On accorde même au juge le droit de la prononcer d'office, et d'ordonner qu'il soit sursis à toutes les poursuites, si l'autre contient des biens suffisants pour acquitter toutes les créances.

Néanmoins, cette jonction ne peut plus être demandée après le dépôt du cahier des charges ; une fois qu'elle est ordonnée, la procédure est continuée par le plus ancien saisissant, et, en cas de concurrence, par l'avoué porteur du titre le plus ancien ; si les titres sont de la même date, par l'avoué le plus ancien.

Si la seconde saisie comprend à la fois des immeubles compris dans la première, et d'autres qui ne le soient pas, elle doit être transcrite seulement pour ce qui regarde ces derniers. Dans ce cas, la jonction a lieu de plein droit et sans jugement, s'il ne s'élève pas de contestations, pourvu toutefois que les biens soient situés dans le même arrondissement ou fassent partie d'une même exploitation. Elle a lieu, même après le dépôt du cahier des charges, car la restriction de l'article 710 n'est pas reproduite en ce qui regarde une seconde saisie plus ample que la première. Enfin la nullité de l'une des deux saisies ne doit pas entraîner la nullité de l'autre.

La jonction se fait au moyen d'une dénonciation que le second saisi est tenu de faire au premier, et à partir de laquelle celui-ci doit mener de front les deux saisies, si elles sont dans le même état; sinon, il doit surseoir à la première et attendre que la procédure de la seconde soit au même degré. Elles sont alors réunies dans une seule poursuite, qui se continue devant le tribunal de la première saisie. Si le second saisissant ne dénonce pas sa saisie au premier, celle-ci est nulle, à moins toutefois qu'il n'ait ignoré l'existence d'une première poursuite.

Subrogation dans la poursuite. — La demande en subrogation est un acte par lequel une des parties intéressées dans une saisie demande à être mise au lieu et place du poursuivant, lorsque celui-ci lui semble ne pas agir dans l'intérêt général de la masse.

Le Code de procédure indique trois hypothèses dans lesquelles on peut former cette demande. La première vise le cas où, dans la jonction de deux saisies, le premier saisissant n'a pas, dans les délais prescrits pour la validité de la procédure, poursuivi sur la seconde saisie qui lui a été dénoncée, ou bien encore n'a pas mené de front les deux saisies.

L'article 721 n'indique que le second saisissant comme ayant droit à demander la subrogation. Mais il faut considérer cette disposition comme n'étant pas limitative; il est trop naturel que la subrogation puisse être demandée, non seulement par lui, mais encore par toutes les parties intéressées, telles que les créanciers inscrits, et même les créanciers chirographaires porteurs de titres exécutoires.

Il y a encore lieu à une demande en subrogation lorsqu'il y a collusion et fraude de la part du premier saisissant, qui peut s'être entendu avec le débiteur pour empêcher les autres créanciers d'opérer une saisie; ou encore lorsqu'il y a négligence de sa part, soit, nous dit l'article 722, qu'il n'ait pas rempli une formalité nécessaire, soit qu'il ait négligé de faire un acte de procédure dans les délais proscrits. Ici encore, l'énumération faite par le Code n'est pas limitative, et, quoiqu'il n'indique que ces trois cas de subrogation, il faut admettre que celle-ci peut être demandée toutes les fois que la poursuite est abandonnée par le poursuivant, non plus par négligence, mais par désistement volontaire, comme si, par exemple, il a été désintéressé d'une manière quelconque.

Nous venons de voir que l'article 721 n'accordait le droit de demander la subrogation qu'à un créancier saisissant postérieur; ici, la loi ne dit en aucune façon à qui il doit appartenir en cas de fraude ou de négligence de la part du saisissant. Quelques auteurs ont pensé, comme pour l'article 721, que la subrogation ne pouvait être demandée que par un autre créancier saisissant; nous avons déjà donné une solution contraire en accordant ce droit à tous les intéressés, à plus forte raison doit-il en être de même ici, puisque la loi n'a apporté aucune restriction dans ses termes. Le droit de demander la subrogation appartient donc non seulement à un autre saisissant, mais encore aux créanciers inscrits, et aux créanciers chirographaires munis d'un titre exécutoire. C'est là un résultat forcé des principes fondamentaux de la subrogation, qui n'a été introduite que pour prévenir les abus qu'un premier saisissant pouvait commettre au préjudice des autres intéressés.

La demande en subrogation est portée devant le tribunal de la situation de l'immeuble saisi, et ne peut être formée pour la première fois en appel; l'avoué doit être muni à cet effet d'un pouvoir spécial, s'il n'agit pas à la requête d'un créancier saisissant. Le demandeur peut sommer préalablement le poursuivant de continuer les poursuites, mais il n'y est pas obligé, pas plus que le saisi qui n'a pas constitué avoué.

Le tribunal n'est pas tenu de prononcer la subrogation, alors même qu'il y a faute de la part du premier saisissant. Il doit la décider d'après les faits et les circonstances. Il peut arriver qu'une demande en subrogation soit formée à la fois par plusieurs créanciers; la loi ne nous dit pas à qui dans ce cas le juge doit donner la préférence; il faut, je crois, appliquer par analogie l'article 719, et décider qu'en cas de concurrence, la poursuite doit appartenir à l'avoué porteur du titre le plus ancien, et si les titres sont de même date, à l'avoué le plus ancien.

Lorsque la subrogation est prononcée, elle enlève au poursuivant le droit de continuer la poursuite, et l'oblige à remettre les pièces de la procédure entre les mains du subrogé. Celui-ci n'est pas tenu d'indemniser le poursuivant des frais qu'il a faits, ils doivent seulement lui être remboursés après l'adjudication, soit sur le prix, soit par l'adjudicataire lui-même.

RADIATION D'UNE PREMIÈRE SAISIE. — Lorsqu'une saisie a été rayée pour une cause quelconque, l'un des saisissants postérieurs peut reprendre sa propre saisie, bien qu'elle n'ait pas été inscrite la première ; ce droit appartient au plus diligent.

DEMANDE EN DISTRACTION. — On appelle ainsi un incident qui se produit lorsque le créancier saisissant a compris dans la saisie des immeubles n'appartenant pas à son débiteur. Afin d'éviter les demandes en revendication postérieures à l'adjudication, le législateur a ouvert aux propriétaires de ces immeubles une voie prompte et facile, à l'aide de laquelle ils puissent les faire retrancher de la saisie.

Le droit de former une demande en distraction appartient, non seulement au propriétaire d'immeubles indûment compris dans une saisie, mais encore à tous ceux qui peuvent avoir sur eux un droit de propriété auquel la saisie porte atteinte. Elle ne peut être demandée que par la partie saisie, celle-ci peut seulement faire valoir son défaut de propriété comme un moyen de nullité au fond, et cet incident est alors assujetti à toutes les règles relatives aux demandes en nullité.

La demande en distraction ne peut être formée que par celui qui est propriétaire de l'immeuble au moment de la poursuite ; le précédent vendeur ne peut l'intenter, tant qu'il n'a pas fait rescinder l'acte de vente. Il n'y a pas lieu non plus à distraction, lorsque des tiers justifient sur la propriété des droits réels, tels qu'un usufruit ou une servitude. L'expropriation ne porte, en effet, aucune atteinte à ces droits, et le tribunal doit seulement ordonner qu'il soit ajouté au cahier des charges une clause qui les constate.

Pour qu'il y ait lieu à la distraction, il faut que celle-ci soit demandée en vertu de titres transcrits au bureau du conservateur des hypothèques avant la saisie, car on sait que les actes de propriété non transcrits ne sont pas opposables aux tiers.

C'est parce qu'il n'est pas nécessaire que les mutations soient opérées sur la matrice du rôle des contributions foncières, qu'il arrive souvent des erreurs sur les immeubles à saisir, et ce sont ces erreurs qui engendrent les demandes en distraction ; car l'huissier, voyant un immeuble imposé au nom du débiteur, le comprend dans son procès-verbal, persuadé qu'il fait partie de ses biens.

La demande en distraction peut être formée en tout état de cause jusqu'à l'adjudication définitive, eût-elle lieu après surenchère. « Il serait à souhaiter, disait le Rapporteur, qu'une pareille demande fût toujours présentée avant l'adjudication ; c'est ce qui avait lieu autrefois. On décidait que le décret purgeait la propriété, mais nous n'aurions pu proposer de renouveler ce principe, sans violer le droit de propriété. Nous avons fait dépendre l'action du vendeur créancier du prix, des poursuites faites avant l'adjudication (art. 717). Il n'avait qu'une action, qu'un titre de créancier, des conditions et des délais pouvaient être opposés à l'un et à l'autre, mais le propriétaire d'un immeuble irrégulièrement saisi sur un débiteur auquel il n'appartient pas, n'a rien à faire, rien à observer pour conserver sa propriété. Il ne peut la perdre que par son fait : une négligence, une omission ne pourraient en tenir lieu. C'est sans doute un malheur pour l'adjudicataire, mais le respect pour la propriété doit passer avant tout. »

Le propriétaire peut donc invoquer son droit, même après l'adjudication prononcée, mais il ne peut plus alors le faire valoir par voie incidente ; ce n'est plus réellement une demande en distraction, mais bien une demande en revendication, qui doit être intentée par voie principale, et soumise à toutes les conditions des actions ordinaires.

Quoique la loi ne dise pas de quelle manière doivent être introduites les demandes en distraction, il faut décider qu'elles sont soumises à la règle générale qui veut qu'en matière de saisie, toute demande incidente soit introduite par un simple acte d'avoué à avoué. Elles doivent l'être, tant contre le saisissant que contre la partie saisie et contre le premier créancier inscrit, au domicile élu dans son inscription. Quant au saisi, s'il n'a pas d'avoué constitué, il doit être interpellé à son domicile réel, et l'art. 725 permet exceptionnellement le délai de comparution d'un jour, par 5 myriamètres de distance entre le domicile du saisi et le lieu où siége le tribunal compétent.

L'art. 725 ne s'applique, du reste, qu'au cas où la

demande est formée avant l'adjudication ; si elle n'a lieu qu'après, ni le saisi, ni les créanciers inscrits n'ont intérêt à la contester ; c'est donc contre l'adjudicataire seul qu'elle doit alors être formée.

L'acte introductif d'une demande en distraction doit désigner d'une manière précise l'immeuble ou la partie d'immeuble réclamée, et énoncer les titres justificatifs des droits de l'intervenant. Ces titres doivent être déposés au greffe, et une copie de l'acte de dépôt doit être annexée à l'acte introductif de la demande. Si la demande porte sur tous les objets saisis, il est sursis à l'adjudication jusqu'à ce que l'incident soit vidé ; mais il est passé outre aussitôt après le jugement, si la partie ne justifie pas qu'elle ait interjeté appel. Mais si, au contraire, la distraction demandée ne porte que sur une partie des objets saisis, le tribunal peut ordonner qu'il soit passé outre à l'adjudication du surplus des objets, ou qu'il y soit sursis pour le tout. Ce sursis total ne peut être accordé que sur la demande des parties intéressées ; les juges ne peuvent donc l'ordonner d'office, mais en revanche, ils peuvent le refuser, dans le cas même où toutes les parties sont d'accord pour le demander.

Si la distraction partielle est ordonnée, le poursuivant est admis à changer la mise à prix qui a été primitivement portée au cahier des charges.

Il n'existe aucune disposition qui régisse d'une manière particulière les dépens dans les instances en distraction. Il faut donc se conformer à la règle générale qui les met à la charge du perdant ; mais cette règle amène quelquefois d'injustes résultats. Ainsi, quand l'huissier a compris dans le procès-verbal un immeuble imposé au nom du débiteur, mais acquis par un tiers qui a négligé de faire inscrire la mutation sur la matrice du rôle, nous avons vu que si l'acquéreur intente une demande en distraction, il devra triompher ; il sera donc déchargé des dépens, et cependant c'est bien par suite de sa négligence qu'ils ont été occasionnés.

Des demandes en nullité. — La loi distingue les demandes en nullité formées contre les actes faits avant la publication du cahier des charges, qui remplace aujourd'hui la publication préparatoire, et celles qui le sont postérieurement.

L'article 728 porte que les moyens de nullité tant en la forme qu'au fond, contre la procédure qui précède l'audience de publication, doivent être proposés, à peine de déchéance, trois jours au moins avant cette audience. Ainsi on ne peut plus, après la publication, être admis à prouver que le saisissant était désintéressé, ou encore demander la discussion des biens mobiliers d'un mineur dont les immeubles ont été saisis, ou prétendre que des biens saisis sont dotaux et, par conséquent, insaisissables.

Il a cependant été jugé que, lorsque c'est le poursuivant lui-même qui s'est rendu adjudicataire, le saisi peut, postérieurement à l'adjudication, en obtenir la nullité, s'il établit que ce créancier avait été désintéressé avant la saisie. Cette demande n'est en effet, à vrai dire, que l'exercice de l'action en réparation accordée par l'art. 1382 du Code civil.

Enfin il faut admettre également que, malgré le texte formel de l'article 725, le saisi pourrait encore, après la publication des charges, invoquer la nullité du titre en vertu duquel il est poursuivi. Ce n'est pas là en effet une nullité ayant trait à la procédure de saisie, elle porte sur le fonds même du droit qui y a donné lieu. Néanmoins cette demande de nullité ne pourra être introduite par voie principale; si le demandeur triomphe, il ne pourra pas arrêter la marche de la procédure, mais seulement obtenir par action séparée des dommages-intérêts pour le préjudice qui lui a été causé pas le saisissant.

La loi de 1841 n'ayant pas indiqué dans quel ordre devaient être proposées les nullités en matière de saisie, on admet généralement qu'on doit s'en rapporter aux règles du droit commun, posées par les articles 175 et suivants du Code de procédure; les moyens de nullité doivent être proposés à l'avance par acte d'avoué à avoué; des conclusions écrites déposées à l'audience ne suffiraient pas. Enfin ils ne sont plus proposables après une défense au fonds.

Si le tribunal prononce la nullité d'un des actes de la saisie, et que celle-ci ne porte que sur un moyen de forme, la procédure entière n'est pas viciée; les actes antérieurs à celui qui est annulé sont valables, et la poursuite peut être reprise à partir du dernier de ces actes. De nouveaux délais courent, pour accomplir les actes suivants, à partir du jugement ou arrêt qui a définitivement prononcé la nullité. Nous verrons plus loin que le jugement sur les nullités antérieures à la publication est susceptible d'appel, cet appel est suspensif.

Si la nullité porte sur un moyen du fonds, la saisie doit être annulée complètement et la radiation en être prononcée par le même jugement.

Les moyens de nullité contre la procédure postérieure à la publication du cahier des charges, doivent être proposés, également à peine de déchéance, au plus tard trois jours avant l'adjudication. Le tribunal doit statuer sur ces demandes avant l'ouverture des enchères ; le jugement par lequel il statue n'est pas susceptible d'appel, et cela se comprend, car la procédure qui suit la publication du cahier des charges, est loin d'être aussi importante et de présenter d'aussi nombreuses difficultés que celle qui la précède ; elle ne concerne guère que la publicité.

Si le tribunal admet les moyens de nullité invoqués, il doit annuler en même temps la poursuite à partir du jugement de publication, et en autoriser la reprise à partir de ce jugement, et non pas seulement à partir du dernier acte valable, comme dans l'art. 728. Il faut, en effet, de nouvelles insertions et annonces, pour indiquer le nouveau jour de l'adjudication, que le tribunal doit fixer dans son jugement.

Si le tribunal n'admet aucun des moyens de nullité

invoqués, il est passé outre aux enchères et à l'adjudication.

Des voies de recours contre les jugements rendus
en matière de saisie immobilière. — Les voies ouvertes contre les jugements rendus dans une poursuite de saisie sont l'appel, la requête civile et la
cassation. On admet généralement que les jugements
par défaut ne sont pas susceptibles d'opposition,
quoique la loi ait omis de le dire positivement. Le
décret du 2 février 1811 ne l'interdisait que pour les
jugements postérieurs à l'adjudication préparatoire,
mais la jurisprudence avait étendu la prohibition aux
jugements antérieurs.

L'article adopté par la chambre des pairs consacrait
cette jurisprudence et portait que le jugement par
défaut en matière de saisie immobilière ne serait pas
susceptible d'opposition. Quoiqu'il faille regretter
cette omission dans la rédaction définitive, elle ne
peut influer en rien sur les décisions des tribunaux,
l'intention du législateur est évidente ; s'il pouvait
d'ailleurs rester quelques doutes, ils seraient levés
par l'art. 731, qui déclare que les arrêts rendus par
défaut ne sont pas susceptibles d'appel, et par l'article
730, qui contient les mêmes dispositions pour les jugements rendus en matière de folle enchère.

Tous les jugements qui ont été rendus dans une
poursuite de saisie ne peuvent être attaqués par la
voie de l'appel ; quoique ce moyen soit de droit commun, l'art. 730 l'interdit :

1° Pour les jugements qui doivent statuer sur la

demande en subrogation contre le poursuivant, à moins que celle-ci ne soit intentée pour collusion ou fraude; dans ce cas, en effet, l'honneur du saisissant se trouvant attaqué, le droit d'appel est de toute justice. S'il est refusé dans les autres cas de demande en subrogation, c'est parce que les jugements qui interviennent intéressent plutôt, les officiers ministériels que les parties.

2° Pour ceux qui sans statuer, sur aucun incident, donnent simplement acte de la publication du cahier des charges, et prononcent l'adjudication, soit avant, soit après surenchère. Si cependant ceux-ci violaient les formes prescrites, on pourrait en demander la nullité par voie principale.

3° Pour ceux qui statuent sur des nullités postérieures à la publication du cahier des charges. Nous avons vu plus haut pourquoi l'appel n'est pas ici recevable, c'est parce que les jugements dont il s'agit n'auront la plupart du temps statué que sur des questions insignifiantes de publicité.

L'appel des jugements autres que ceux que nous venons de voir doit être interjeté, sous peine d'être considéré comme non avenu, dans les dix jours qui suivent la signification qui en a été faite à l'avoué de la partie condamnée, ou, s'il n'y a point d'avoué constitué, à compter de la signification à sa personne ou à son domicile, soit réel, soit élu.

Cette disposition ne doit pas être appliquée aux demandes qui ne se rattachent qu'indirectement à la poursuite, par exemple à la demande formée par le locataire de l'immeuble saisi et tendant à ce qu'il soit inséré dans le cahier des charges une clause relative à l'entretien de son bail. L'appel d'un pareil jugement doit être recevable même après les dix jours.

Lorsque l'appel est d'un jugement rendu sur une demande en distraction, les dix jours sont augmentés d'un jour par cinq myriamètres de distance, conformément à l'article 725, entre le domicile du saisi et le lieu où siége le tribunal. Lorsque l'appel est recevable, la cour doit statuer dans la quinzaine, afin de ne pas retarder outre mesure la marche de l'expropriation ; l'appel est suspensible, et une adjudication prononcée au mépris d'un appel antérieur, serait nulle. Toutefois l'appel n'est suspensif qu'à l'égard de l'adjudication ; les poursuites sont valablement continuées.

L'appel ne peut être interjeté que par ceux qui ont été parties au jugement, et contre ceux qui ont figuré en première instance. Il doit être signifié au domicile de l'avoué, et, s'il n'y a pas d'avoué, au domicile réel ou élu de l'intimé, et notifié en même temps au greffier du tribunal, qui doit le viser.

L'acte d'appel doit énoncer les griefs que l'on se propose d'invoquer, et, d'un autre côté, la partie saisie ne peut invoquer d'autres moyens que ceux proposés en première instance ; un arrêt de la cour d'Amiens, du 23 mai 1812, étend cette prohibition aux créanciers. Il a été également jugé que le saisi peut se prévaloir en appel des moyens de nullité proposés d'office au tribunal par le ministère public.

DE LA REVENTE SUR FOLLE ENCHÈRE. — Lorsque l'adjudicataire n'exécute pas les obligations qu'il a contractées par le fait de l'adjudication, il est appelé fol enchérisseur, et les personnes envers lesquelles il est obligé peuvent faire revendre l'immeuble sans se conformer aux formalités longues et coûteuses que la loi exige pour les saisies immobilières.

Toutes les ventes judiciaires admettent la revente sur folle enchère ; le droit de la poursuivre ne se proscrit que par trente ans, et il peut être invoqué, non-seulement par celui qui a provoqué l'expropriation, mais encore par les créanciers inscrits. Si le créancier qui poursuit la folle enchère est désintéressé pendant l'instance et se désiste, la procédure n'est pas éteinte, et tout créancier peut la mener à bonne fin en se faisant subroger.

La folle enchère est une action résolution et personnelle, qui se poursuit contre l'adjudicataire seul et non contre le tiers détenteur ; il serait néanmoins convenable de mettre en cause ce dernier.

Remarquons encore que l'acquéreur peut être poursuivi sur ses biens personnels, avant que la folle enchère ne soit terminée. C'est dans ce sens du moins que doivent être entendus les mots de l'art. 713, qui nous dit que la folle enchère est poursuivie contre l'adjudicataire infidèle sans préjudice des autres droits.

Si la folle enchère est poursuivie avant la délivrance du jugement, celui qui la poursuit doit se faire délivrer par le greffier un certificat constatant que l'adjudicataire n'a point justifié de l'acquit des conditions exigibles de l'adjudication. S'il y a eu opposition à la délivrance du certificat, il est statué sur cette opposition à la délivrance du certificat, à la requête de la partie la plus diligente, par le Président du tribunal, en audience de référé.

Notre loi établit une distinction qui n'existait pas dans l'ancien Code, entre le cas où la folle enchère a lieu avant, et celui où elle n'a lieu qu'après la délivrance du jugement d'adjudication. C'est dans le premier cas seulement que le certificat du greffier est exigé; après l'expédition du jugement, l'inexécution des conditions ne peut en effet être officiellement connue de lui.

Quant à l'opposition faite à la délivrance du certificat, d'après le projet primitif de la loi, le greffier ne pouvait pas le refuser. Mais on a vu dans cette disposition une sorte de déni de justice; la loi en effet ne peut frapper d'avance de réprobations des oppositions dont il est possible qu'elle n'ait pas prévu les causes, elle doit s'en rapporter à un juge, qui décide s'il y a lieu ou non de passer outre, malgré l'opposition.

Si la délivrance du certificat a eu lieu, ou encore si la folle enchère n'est poursuivie qu'après la délivrance du jugement d'adjudication, la revente sur folle enchère ne peut être poursuivie que trois jours après la signification du bordereau de collocation, avec commandement fait à l'adjudicataire de s'exécuter. Cette disposition de la loi a tranché une difficulté qui existait sous l'ancien Code. On doutait alors que la folle enchère pût être poursuivie pour le non-paiement du prix, si l'adjudicataire avait rempli les conditions qui devaient être exécutées après la délivrance du jugement d'adjudication.

Le certificat du greffier n'est plus d'aucune utilité dans ce cas, le point de départ est la signification du bordereau de collocation ; d'où il suit qu'il faut poursuivre l'ordre et obtenir ce bordereau avant d'obtenir une poursuite de folle enchère.

De nouveaux placards et de nouvelles annonces doivent indiquer le jour et les conditions de l'adjudication, et être rédigés comme ceux prescrits pour l'adjudication primitive. La loi continue ici son système de simplification, car l'ancien Code exigeait encore trois publications du cahier des charges, et ne faisait pas même grâce de l'adjudication préparatoire.

Le cahier des charges reste le même, et ne peut être modifié sans le consentement du fol enchérisseur, qui reste responsable, comme on le sait, de la différence entre le prix pour lequel il s'était rendu adjudicataire et celui auquel a lieu la nouvelle adjudication.

Le délai entre les nouvelles affiches et annonces et le jour des enchères, doit être de quinze jours francs au moins, et de trente jours au plus.

Quinze jours avant l'adjudication le poursuivant doit, par exploit d'huissier, faire connaître aux avoués du saisi et du fol enchérisseur le jour et l'heure où elle doit avoir lieu.

Le jour de l'adjudication peut être retardé par le

tribunal, mais seulement sur la demande du poursuivant. Le créancier qui accorderait un délai au fol enchérisseur pour satisfaire aux charges de l'adjudication, ne serait néanmoins pas réputé avoir renoncé à poursuivre la folle enchère à l'expiration de ce délai.

Le fol enchérisseur ne peut arrêter le cours de la procédure qu'en exécutant les obligations auxquelles il était soumis par l'adjudication, et en consignant une somme réglée par le président du tribunal pour les frais qui ont été occasionnés par la folle enchère.

L'adjudication définitive ne pourrait pas être suspendue, soit par des difficultés élevées sur le réglement des frais, soit par des sûretés qu'offrirait le fol enchérisseur, comme si, par exemple, il avait mis lui-même en vente des biens adjugés, avec condition expresse pour l'acquéreur de payer ses créanciers aussitôt après la vente, ou encore s'il offrait une caution.

Lorsque l'adjudication sur folle enchère a été prononcée, de la même manière que l'adjudication primitive, et avec les mêmes formalités, elle remplace complétement celle-ci, devient la véritable adjudication sur saisie immobilière, et en produit tous les effets ; nous n'y reviendrons pas, disons seulement que le fol enchérisseur est réputé n'avoir jamais été le véritable propriétaire de l'immeuble. Par conséquent :

1° S'il meurt avant la nouvelle adjudication, ses héritiers ne doivent aucun droit de mutation ;

2° L'immeuble passe entre les mains du nouvel adjudicataire, franc et libre de toutes les charges créées par le fol enchérisseur ; les hypothèques ou aliénations qu'il a pu consentir à des tiers sont anéanties, mais, en revanche, si lui-même avait une hypothèque sur ce fonds, elle doit revivre.

Les fruits que le fol enchérisseur a perçus lui appartiennent ; comme il est tenu de payer les intérêts du prix jusqu'à la seconde adjudication, il est juste qu'il profite des fruits de l'immeuble. Le nouvel adjudicataire doit également lui rembourser les frais de poursuite d'abord, et ensuite les frais de mutation et de transcription, puisque l'adjudication sur folle enchère et celle qui l'a précédée n'opèrent qu'une seule mutation.

Si l'immeuble périt ou diminue de valeur pendant la poursuite, la perte est pour le fol enchérisseur ; il s'agit d'une condition résolutoire, l'adjudicataire demeure donc propriétaire jusqu'à la revente.

Toutes les obligations du fol enchérisseur ne sont pas éteintes par la nouvelle adjudication, car il était tenu, autrefois par corps, de la différence entre le prix auquel il avait acheté et celui de la revente sur folle enchère ; mais si ce dernier est supérieur, il n'a aucun droit à l'excédant, ce sont les créanciers qui en profitent, ou, s'ils sont désintéressés, la partie saisie.

Encore la revente à un prix supérieur ne le libère-t-elle que si elle est réelle et sérieuse ; si le second adjudicataire ne paie pas, il y a lieu à une nouvelle folle enchère, et le premier fol enchérisseur est tenu de la différence entre le prix de son adjudication et celui de la troisième, si celui-ci est inférieur.

Si l'immeuble a été adjugé en plusieurs lots, et que, lors de la revente sur folle enchère, il y ait des différences en plus sur les uns et en moins sur les autres, il ne s'opère pas de compensation; le fol enchérisseur doit la différence en moins, sans pouvoir profiter de la différence en plus.

C'est une question fortement controversée que de savoir si l'adjudication sur folle enchère peut être suivie d'une surenchère, comme l'adjudication sur saisie immobilière. Il faut, je crois, décider que les raisons sont ici les mêmes pour interdire la surenchère, que dans le cas d'une surenchère faite après une première adjudication, et répéter, avec M. le Rapporteur, que l'avantage de mettre un terme à cette masse ruineuse de frais qui se prélève sur la masse commune des créanciers, explique clairement la sage prévoyance de cette solution.

Clause de vendre sans formalités. — Toute convention intervenue entre les parties, qui porterait qu'à défaut d'exécution des engagements pris envers lui le créancier aura le droit de faire vendre les immeubles de son débiteur, sans les formalités prescrites pour la saisie immobilière, est nulle et non avenue.

Cette disposition de l'article 742, qui porte à la liberté des conventions une atteinte si profonde, n'existait pas sous l'ancien Code. Elle a été votée sans discussion à la Chambre des pairs, mais à la Chambre des députés elle a donné lieu à une forte discussion. Pour prévenir les effets désastreux de la procédure sur expropriation, on ajoutait souvent dans les contrats de prêt une clause par laquelle l'emprunteur donnait au vendeur le mandat irrévocable de vendre l'immeuble hypothéqué par-devant notaire, et sans formalités de justice.

L'admission de cette stipulation, connue en droit sous le nom de clause de voie parée, avait éprouvé quelques difficultés, mais on avait fini par reconnaître sa parfaite régularité. Au moment où la jurisprudence se fixait dans ce sens, et où l'expérience démontrait les avantages de cette clause, on ne devait pas s'attendre à la voir frappée d'une proscription absolue, et cette atteinte portée à la liberté des conventions n'est pas suffisamment justifiée par les considérations qu'a fait valoir le rapporteur en faveur de l'emprunteur que la loi tutélaire, disait-il, doit protéger contre les exigences du capitaliste qui vient à son secours.

Conversion de la saisie en vente volontaire. — Si un créancier ne peut s'affranchir des formalités de la saisie pour poursuivre la vente des immeubles de son débiteur, en revanche, lorsqu'un immeuble a été réellement saisi, et que la saisie a été transcrite, les intéressés ont le droit, s'ils sont tous majeurs, de demander que la vente soit faite aux enchères ou en justice, sans autres formalités que celles prescrites pour la vente des biens de mineurs. On entend ici par intéressés le poursuivant et le saisi d'abord, puis ensuite les créanciers inscrits, lorsque sommation leur a été faite de suivre la saisie.

Quand l'un des intéressés est mineur ou interdi

son tuteur peut demander en son nom la conversion de la vente, pourvu qu'il y soit spécialement
autorisé par le conseil de famille ; la même demande
peut être faite pour un mineur émancipé, s'il est
assisté de son curateur.

Les demandes en conversion sont introduites par
une simple requête, et doivent être jugées sur le
rapport d'un juge et les conclusions du ministère
public. Cette requête doit être présentée au tribunal
saisi de la poursuite, être signée par les avoués de
toutes les parties, et contenir une mise à prix qui
sert d'estimation.

Si la demande en conversion est admise, le tribunal
doit fixer le jour de la vente, et renvoyer pour y procéder, soit devant un notaire, soit devant un juge du
siége, ou encore devant un juge de tout autre tribunal.

Le jugement qui ordonne la conversion ne doit
point être signifié et ne peut être attaqué, ni par la
voie de l'opposition, ni par celle de l'appel, mais
il doit être mentionné dans la huitaine qui suit, en
marge de la transcription de la saisie, à la diligence
du poursuivant.

Enfin la conversion de la saisie en vente volontaire n'empêche pas le procès-verbal de saisie de produire ses effets relativement au droit de propriété
du saisi ; les fruits qu'il recueille demeurent immobilisés entre ses mains, les loyers et fermages le sont
entre les mains des fermiers et locataires, et le
saisi ne peut plus aliéner son immeuble, sous
peine de nullité de l'aliénation.

APPENDICE

—

PRIVILÉGES ACCORDÉS AU CRÉDIT FONCIER,
ET PROJET DE RÉFORME.

Après avoir constaté l'amélioration sensible apportée au Code de procédure de 1806 par la loi du 2 juin 1811, quant aux règles de la saisie, et par la Loi du 21 mai 1858, quant aux résultats de l'adjudication, il nous reste à dire quelques mots des imperfections et des formalités inutiles que la première a laissé subsister dans la procédure trop dispendieuse et trop lente encore aujourd'hui dans l'intérêt du débiteur, aussi bien que dans celui du créancier.

Le législateur s'est vite aperçu qu'il y avait encore beaucoup à faire dans cette voie de perfectionnement où l'on était entré, et un décret du 28 février 1852 venait simplifier encore la procédure d'expropriation en faveur des sociétés de Crédit foncier.

En 1868, on élaborait un projet de loi qui, généralisant les améliorations qu'il voulait introduire, les étendait à toute saisie immobilière.

Le décret de 1852 avait pour but de venir en aide aux agriculteurs obérés, en favorisant la création de sociétés, dites de Crédit foncier, destinées à leur fournir des capitaux à des intérêts modérés, et remboursables par annuités.

Les emprunts ainsi faits ne pouvant être contractés que sur première hypothèque, le décret simplifie les formalités à remplir pour purger les hypothèques légales non inscrites de la femme et du mineur, afin d'assurer à la Société cette priorité qu'il leur assigne. De plus, il abrége les formalités qu'elle doit remplir en cas de non-paiement d'une annuité à l'échéance fixée dans l'acte de prêt, pour obtenir le remboursement intégral de la créance au moyen de la vente de l'immeuble hypothéqué.

Supprimant une grande partie des lenteurs et des frais ordinaires d'expropriation le décret n'exige plus qu'un commandement au débiteur et quinze jours après, des insertions ou affiches annonçant la vente. Ces insertions, qui étaient au nombre de six, ont été réduites à trois par une nouvelle loi du 20 juin 1853, qui est venue, a dit l'orateur du gouvernement, rectifier une erreur matérielle qui s'était glissée dans le texte de l'art. 33 du décret de 1852. Ce n'est point là, ajoutait-il, une accélération inmodérée de l'expropriation. C'est plutôt un retour aux délais du droit commun.

Ces trois insertions doivent être faites et les affiches exposées, dans les six semaines qui suivent la transcription du commandement ; l'apposition d'affiches a lieu dans l'auditoire du tribunal où la vente doit être effectuée, à la porte de la mairie du lieu où les biens sont situés, et sur la propriété, lorsqu'il s'agit d'un immeuble bâti.

Quinze jours après la notification qui en est faite au débiteur et aux créanciers, et qui doit contenir sommation de prendre communication du cahier des charges, l'immeuble est vendu aux enchères, en présence du débiteur ou lui dûment appelé, devant le tribunal du lieu où il est situé, ou encore, si celui-ci le décide, devant un notaire désigné à cet effet.

L'incapacité pour le débiteur d'aliéner et d'hypothéquer l'immeuble saisi, commence à partir de la transcription du commandement; c'est là une sûreté de plus donnée à la Société, qui est immédiatement à l'abri de toutes les atteintes qui pourraient être portées à son gage par le fait du débiteur. Si lors de la transcription du commandement, il existe une saisie antérieure pratiquée à la requête d'un autre créancier, la Société peut, jusqu'au dépôt du cahier des charges, se faire subroger à la poursuite, et la continuer dès lors dans les formes qui lui sont propres; si le dépôt du cahier des charges est déjà opéré, il peut encore se faire subroger, mais il doit alors continuer la poursuite dans les formes ordinaires.

Une dérogation importante est également apportée au mode de paiement imposé à l'adjudicataire de l'immeuble exproprié Celui-ci doit, dans la huitaine de la vente, acquitter à la caisse de la Société le montant des annuités dues; lorsque les délais de surenchère sont expirés, il doit y verser le prix intégral de l'adjudication sans avoir à tenir aucun compte des autres créanciers et des oppositions qu'ils pourraient faire au paiement. La Société ne devra rembourser ce prix que lorsqu'elle aura été indûment payée au préjudice des créanciers opposants. « A quoi bon, disait l'exposé des motifs, lui imposer les déboires incalculables qu'entraîne souvent la procédure d'ordre? N'est-elle pas la première inscrite? Sa créance ne sera-t-elle pas, la plupart du temps, à l'abri de toute contestation? Et s'il devait en surgir, l'institution n'offre-t-elle pas assez de garanties pour que les autres créanciers ne puissent concevoir aucune crainte relativement à la restitution de ce qu'elle aurait pu toucher indûment? »

Il était logique, en effet, d'accélérer le mode de paiement là ou l'on accélérait les formalités de la vente, et une Société, dont l'existence est basée sur la régularité de ses paiements, pourrait souffrir beaucoup du retard et des complications qu'apporterait infailliblement l'ouverture d'un ordre entre les créanciers.

Une surenchère peut néanmoins être faite dans les formes ordinaires. si c'est devant un tribunal que se poursuit la vente, et, si c'est devant un notaire, au greffe du tribunal de son arrondissement. Quant à la revente sur folle enchère qui peut survenir, elle doit avoir lieu dans les mêmes conditions et avec les mêmes formalités que la vente primitive.

Telles sont les principales modifications que le décret du 28 février 1852 et la loi du 10 juin 1853 sont venus apporter à la procédure d'expropriation, au profit des Sociétés de Crédit foncier. On le voit, il y a loin des formalités prescrites en ce cas aux

lenteurs, embarras et frais, qu'entraine, la procédure
ordinaire ; il est regrettable que ces progrès introduits
dans l'intérêt de l'emprunteur, aussi bien que dans
celui du prêteur, n'aient pas été étendus à tous les
cas d'expropriation. En effet, plus on facilitera le
recouvrement du capital prêté, plus celui-ci sera
confiant et plus le propriétaire obéré trouvera de quoi
faire face à ses embarras ; c'est là un intérêt de premier
ordre pour l'agriculture.

Non seulement la marche de la procédure actuelle
est trop lente, mais les frais en sont encore trop considérables ; le projet de réforme constatait, en effet, que
les frais de saisie y dépassent parfois les frais d'adjudication lorsque l'immeuble n'est pas d'une valeur
considérable. Il en résulte que si cette procédure est
dispendieuse pour la grande propriété, elle est ruineuse
pour la petite ; la lenteur de sa marche est de plus
nuisible au crédit public. Quelle que soit en effet la
diligence du poursuivant et celle des officiers ministériels, aucune poursuite en expropriation ne peut arriver
à son terme avant quatre mois et demi, et encore est-
ce là un délai qui est le plus souvent dépassé, si l'on
songe à tous les incidents qui peuvent se produire.

Hâtons-nous de dire cependant que les frais de procédure et la lenteur des poursuites sont dans une
certaine mesure un mal nécessaire. Il importe à l'ordre
public que le droit de propriété soit protégé par des
garanties efficaces, et il est indispensable que le
débiteur qui a donné ses immeubles en gage, trouve
dans des formalités prudentes la certitude que ses

créanciers n'abuseront pas de sa position, et feront vendre ses biens à leur vraie valeur. Enfin les créanciers aussi doivent être assurés contre la crainte que l'un d'eux ne s'empare sans droit du gage commun.

Des formalités sont donc nécessaires, mais c'est au législateur à les renfermer dans de justes bornes, à n'en point autoriser d'inutiles, et à s'opposer à ce qu'elles soient taxées d'après un tarif trop élevé. C'est le but que s'était proposé la loi de 1841, et qu'elle n'a atteint qu'imparfaitement. Plusieurs des formalités qu'elle prescrit n'ont d'utilité dans aucune vente, même dans les plus considérables; aussi, dans la pratique plusieurs d'entre elles ne sont jamais exécutées; c'est ainsi qu'à l'audience de publication, lorsqu'il ne s'élève aucune contestation sur le cahier des charges, le tribunal se borne à donner acte de la lecture de cette pièce, sans qu'elle ait eu lieu effectivement.

De plus, notre loi a le tort grave de manquer de souplesse, (et c'est là le plus grand reproche à lui faire), en ce que les parties doivent suivre une marche uniforme, quelle que soit l'importance de la vente.

Enfin le tarif du 3 juillet 1811, qui règle le montant des frais, alloue aux officiers ministériels des droits beaucoup trop élevés et ayant une base vicieuse, puisque la plupart des émoluments ont été fixés sans égard à la valeur des immeubles saisis, mais en raison du nombre des vacations et du nombre d'écritures, ce qui est mettre en opposition l'intérêt et le devoir des officiers ministériels.

Nous terminerons notre travail en indiquant rapidement les principales améliorations apportées par le projet de réforme. D'après lui, la marche de la procédure devrait rester la même, ou, à peu près, jusqu'au jugement connu sous le nom de jugement de publication. On se contenterait de supprimer quelques formalités superflues, telles que le visa du maire et la transcription de l'exploit de dénonciation, et de trancher quelques questions controversées que nous avons rencontrées en étudiant la loi de 1811, et relatives principalement aux restrictions apportées par la saisie aux droits du saisi. Toutes ces modifications n'ont pas une bien grande importance, et ne changent par la marche de la procédure, mais la simplifient et l'accélèrent. C'est seulement à partir de l'audience de publication que la législation proposée est réellement nouvelle.

Comprenant que la vente d'un bien de peu d'importance n'a pas besoin d'être assujettie aux mêmes moyens de publicité que la vente d'une usine ou de quelque autre grande propriété foncière, le projet permet au tribunal de régler le mode de publicité auquel la vente doit être assujettie, en quel lieu, en présence de quelle autorité il y sera procédé. Si l'on joint à cela le pouvoir laissé au magistrat de choisir le lieu et le ministre de la vente, on verra que désormais il ne devra plus y avoir que peu de frais inutiles, et qu'ils seront en tout cas proportionnés à la valeur de l'immeuble dont la vente est poursuivie.

Ces mesures d'économie seraient complétées par une réduction sensible apportée aux émoluments des huissiers et avoués, qui seraient désormais déclarés indépendants du nombre des rôles délivrés. Quelques modifications de moindre importance seraient introduites dans les préliminaires de l'adjudication dont les résultats resteraient les mêmes, si ce n'est que le vendeur non payé ne pourrait plus attendre à la veille de l'adjudication pour intenter sa demande en résolution, mais serait tenu de la faire connaître par l'insertion d'un dire à la suite du cahier des charges.

On simplifierait encore la procédure des incidents, entre autres de l'appel, en augmentant le nombre des jugements qui n'en seraient pas susceptibles, et enfin la nouvelle loi favoriserait encore la conversion des saisies en vente volontaire, tout en maintenant l'interdiction de la clause de voie parée.

Les avantages de ce projet sont trop considérables et trop évidents pour que nous ne souhaitions pas de voir bientôt opérer la réforme des ventes judiciaires et préluder ainsi aux nombreuses améliorations que réclame encore le Code de procédure.

Il ne faut pas, pour faire œuvre complète, que le législateur perde de vue les éléments nécessaires pour que, dans une procédure d'expropriation, il ne soit pas porté préjudice aux différents intérêts qui y sont en jeu ; ces éléments seront suffisamment réunis si l'on prévient le débiteur par un acte solennel de la mesure rigoureuse dont il est menacé, si l'on fait bien connaître les immeubles frappés de saisie, si l'on informe les créanciers hypothécaires de la saisie et des conditions de la vente, et enfin si l'on entoure l'adjudication de toutes les garanties nécessaires pour faire monter le prix de vente au plus haut chiffre possible.

La loi qui remplira simplement ces conditions, sans les entourer de formalités inutiles, apportera un grand soulagement au sort des petits propriétaires, et assurera, croyons-nous, une sécurité suffisante à ceux qu'elle a pour mission de protéger.

POSITIONS

—

HISTOIRE DU DROIT ROMAIN.

La cession de biens n'a été introduite qu'en faveur du débiteur malheureux, et a continué à lui être accordée à lui seul jusque dans le dernier état du droit.

DROIT ROMAIN

1. — Le nexum engageait non seulement les biens, mais encore la personne du débiteur.

2. — Pour qu'une sentence d'envoi en possession, rendue à Rome, fut exécutoire sur des biens situés en province, il n'était pas besoin d'un nouvelle sentence du président de la province.

3. — L'action en résolution appartenait au vendeur non payé, alors même qu'il avait suivi la foi de l'acheteur.

HISTOIRE DU DROIT FRANÇAIS

Les Etablissements de Saint-Louis sont authentiques.

CODE CIVIL ET PROCÉDURE CIVILE

1. — Le débiteur saisi peut hypothéquer les biens saisis, après la transcription du procès-verbal de saisie.

2. — La vente faite avant la transcription du procès-verbal de saisie, mais transcrite elle-même après, n'est pas valable.

3. — Le commandement n'est pas un acte d'exécution.

4. — Tout créancier du saisi peut demander et obtenir sa mise au lieu et place du poursuivant, s'il se trouve dans l'un des cas prévus par les articles 721 et 722 du Code de procédure

DROIT PÉNAL

1. — Le réhabilité qui commet un nouveau crime encourt les peines de la récidive.

2. — Le condamné par contumace est soumis à l'interdiction légale.

DROIT COMMERCIAL

1. — La substitution d'un gage à un autre, après la cessation de paiements ou dans les dix jours qui l'ont précédée, tombe sous l'application de l'art. 446 du Code de commerce.

2. — Le privilège du vendeur ne peut plus être valablement inscrit après la faillite de l'acheteur.

DROIT ADMINISTRATIF

1. — Lorsqu'une commune a aliéné un de ses biens avec autorisation préalable, on ne peut plus surenchérir.

2. — En matière domaniale, la compétence judiciaire est la règle ; la compétence administrative l'exception.

DROIT INTERNATIONAL PRIVÉ

1. — Lorsqu'un jugement a été rendu par un tribunal étranger contre un Français, le tribunal français peut juger de nouveau au fond.

Vu :

Nancy, le 26 juillet 1875

Le Président de la thèse.

Jules LIÉGEOIS.

Vu par le Doyen de la Faculté,

Nancy, le 26 juillet 1875.

Ph. JALABERT.

Vu et permis d'imprimer,
Nancy, 26 juillet 1875.
Le Recteur de l'Académie,

JACQUINET.

TABLE DES MATIÈRES.

Rambervillers, imprimerie Méjeat.

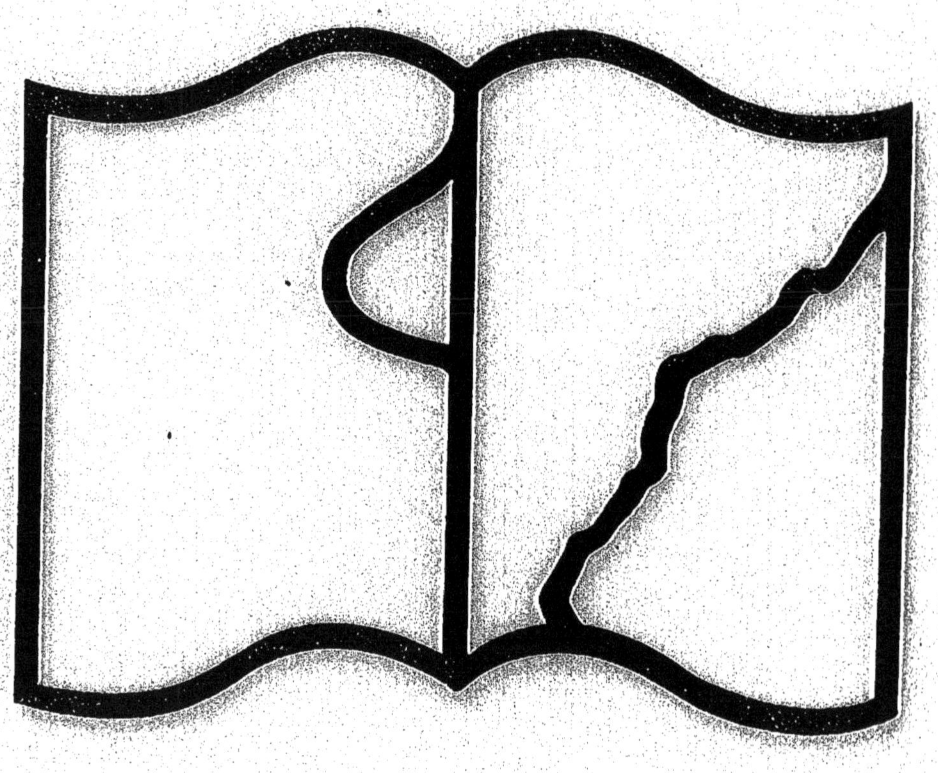

Texte détérioré — reliure défectueuse

NF Z 43-120-11